SHODENSHA
SHINSHO

クラシックを読む3

天才が最後に見た世界

百田尚樹

祥伝社新書

本書は、雑誌『一個人』『Ｖｏｉｃｅ』の連載をまとめた『至高の音楽――クラシック「永遠の名曲」の愉しみ方』『この名曲が凄すぎる――クラシック 劇的な旋律』『クラシック 天才たちの到達点』（いずれもＰＨＰ研究所刊）をテーマごとに再構成したうちの第3巻です（全三巻）。刊行にあたっては、新原稿を含む加筆・修正を行なっています。

はじめに

『クラシックを読む3』では、「光り輝く才能」「運命に抗う」「天才が最後に見た世界」という三つのテーマで名曲を紹介したいと思います。

クラシック音楽の天才作曲家たちは、しばしば才能に任《まか》せるままに、一気呵成《いっきかせい》に傑作をものにします。それらは凡人が努力によって及ぶものではありません。すべての音が煌《きら》めく様《さま》を見る時、私たちはただ陶然としてその音楽に酔うしかありません。第一章では、そんな「光り輝く才能」が爆発した曲を紹介します。

一八世紀や一九世紀の音楽家たちのほとんどは裕福ではありませんでした。その人生もしばしば苛酷で厳しいものでした。そんな時、音楽家たちは、音楽の力で運命と戦いました。辛《つら》い運命を黙って受け入れるのではなく、激しく抵抗したのです。音の世界で！

第三章「天才が最後に見た世界」では、そんな天才たちが人生の晩年に書いた傑作を紹介します。多くの作曲家は晩年になると、若い頃のようなあるいは壮年期のような外に向かって放射する曲は作らなくなります。それらの多くは聴衆のためというよりも、自分のために書かれたような曲が多いからです。もはや演奏会受けするような効果や派手さもありません。なぜなら自《みずか》らに語りかける音楽には、そんなものは必要ないからです。

それこそ天才たちが最後に見た世界です。

二〇二一年一〇月

百田尚樹

目次

第二章

運命に抗う

第三章 天才が最後に見た世界

第一章

光り輝く才能

素晴らしい才能はしばしば「天稟《てんぴん》」や「天賦《てんぷ》」という言葉で表現されます。つまりそれらは人知《じんち》を超えたものであり、普通の人々の目には、天が与えたものに見えるからです。

実際、クラシック音楽の天才たちの作った曲には、ダイヤモンドの輝きかと思えるほど、才能の光が煌めいている名曲がいくつもあります。この章では、そうした天才たちの才能が迸《ほとばし》った七曲を紹介しましょう。

モーツァルト「交響曲第二五番」

普段は見せない、天才の裏面が見える曲

モーツァルトには珍しい、悲劇的な曲

音楽史上で最高の天才少年はヴォルフガング・アマデウス・モーツァルト（一七五六―九一）と言っても、異論の声は上がらないでしょう。五歳で作曲をし（現在では第二次世界大戦後に発見された「クラヴィーアのためのアンダンテ ハ長調（K1a）」が最初の曲とされている）、八歳で最初の「交響曲第一番（K16）」を書きました（K［ケッヘル番号］はモーツァルトの全作品につけられた作曲順の番号）。

「所詮《しょせん》は子供にしては上手《うま》いレベルではないか」と思う人がいるかもしれませんが、それはとんでもない間違いです。一二歳の時に作ったオペラ「バスティアンとバスティエン

ヌ」を聴けば、それがわかるでしょう。ストーリーは他愛ない恋物語ですが（台本作家は別人）、全編、音楽が躍動し、恋の喜びと切《せつ》なさが溢《あふ》れています。現代で言えば小学校六年生の子供が書ける音楽ではありません。ちなみにこの曲の序曲の主題「ドーミドーソ」は、のちにベートーヴェンが「交響曲第三番《英雄（エロイカ）》」のテーマに拝借したとも言われています。私はこの曲を知らないクラシックファンの友人にたまに聴かせるのですが、《エロイカ》にあまりにもそっくりで、皆びっくりします。

一四歳の時にイタリア旅行をした際、バチカン宮殿のシスティーナ礼拝堂で門外不出の合唱曲「ミゼレーレ」（グレゴリオ・アレグリ作曲）を聴き、宿に戻ってその全部を楽譜に写してしまったエピソードは有名です。ちなみに「ミゼレーレ」は九声の合唱曲。つまり九つの異なった旋律が同時に歌われます。曲の長さは約一〇分。これを一度聴いただけですべて記譜するなど、もはや人間業《にんげんわざ》を超えた凄《すさ》まじい能力と言えます。

そして一七歳の時に「交響曲第二五番」という傑作を書きます。

この曲はト短調で書かれていますが、これはモーツァルトがはじめて書いた調《ちょう》です。『クラシックを読む1』にも書きましたが、彼にとって短調そのものが非常に珍しいものでした。ちなみにモーツァルトはこの曲を書くまで一八〇曲あまりの曲を書いていますが、その中に短調は四曲しかありません。しかもそれらは短調ではありますが、それほど暗い音楽ではありません。言うなれば、ちょっとセンチメンタルな雰囲気が漂《ただよ》うといったものです。

ところが「交響曲第二五番」で、モーツァルトは突如として暗く悲劇的な響《ひび》きに満ちた音楽を書いたのです。第一楽章、いきなり悲痛な叫びのような和音が響き、駆け上がるようなパッセージ（＝経過句：メロディーとメロディーをつなぐ楽句《がっく》）がさらに緊迫感と悲劇性を煽《あお》ります。クラシック音楽をあまり聴かない人でも、この部分を耳にするだけで、ただならぬ異様さを感じることができるでしょう。

ミロス・フォアマン監督の傑作映画『アマデウス』のファーストシーンで、元宮廷楽長サリエリが喉《のど》を切って血まみれになったところに流れるのはこの冒頭部分です。風雲急を告げる不気味なオープニングに、曲が見事なまでに合致しています。まるでこの場面のためわざわざ作曲したのかと思うほどです。

第二楽章以降では悲劇性は薄れますが、それでも全曲を暗い影が覆《おお》います。余談ですが、若きベートーヴェンが満を持して世に問うた「ピアノソナタ第一番」の主題は、「交響曲第二五番」の冒頭の駆け上がるパッセージに酷似しています。おそらくこの動機（モティーフ）を拝借したのでしょう。それを見ても、いかにベートーヴェンがこの曲の持つ劇的な力に影響を受けていたかがわかります。ちなみにベートーヴェンの曲の中にはモーツァルトの曲の中にある主題が形を変えて使われていることが少なくありません。

時代のはるか先へ

ところで、モーツァルトが短調をほとんど書かなかった理由は、当時の聴衆は短調の曲を喜ばなかったからです。彼は常に聴衆のことを考えていました。ベートーヴェンのように自分の理想とする曲を追い求めるあまり、しばしば当時の聴衆の好みを無視するような曲作りは、モーツァルトは基本的にはやりませんでした。彼は常に明るく軽快な音楽を書いてきました。しかしなぜか一七歳の時に書いたこの曲は、それまでの曲と雰囲気を一変させています。まるで突然変異のように現れた、暗く異様な曲なのです。

そしてこれ以後、モーツァルトの交響曲が変わったのかと言えば、そうではありません。このあと、彼は何事もなかったかのようにまた明るく軽快な曲を書き続けるのです。すると、今度はまた別の不思議な思いにさせられます。いったいあれは何だったのか、と。そう、まるで普段明るく陽気な友人が、ふと暗く怖い表情を見せるのにも似た不気味さを感じます。実際、そんな場面に出くわすと、私たちはふとこう考えます。実は彼の本当の顔はこちらで、普段見せているのは見せかけの顔ではないのか、と。そしてモーツァルトに対してても同じ気持ちにさせられるのです。

モーツァルトに短調の曲が増えてくるのは、実はこのずっとあと、二六歳くらいからです。それはちょうど彼が作曲家として円熟期を迎えてきた頃でもあります。同時にずっと父親に管理されていたモーツァルトが自由に（自分の好きなように）作曲を始めた頃でもありました。

興味深いデータを示しましょう。二六歳までにモーツァルトは四〇〇曲余りの曲を作っていますが、その中に短調は八曲しかありません。出現率は約二パーセント。しかしその後死ぬまでの一〇年間に作った二六〇曲余りの中に短調は二九曲もあります。何と出現率は約一一パーセントで、それ以前の五倍以上になっています。そしてこの後期の短調の曲は例外なく、とてつもない傑作なのです。「交響曲第四〇番」（ト短調）、「ピアノ協奏曲第二〇番」（ニ短調）、「同第二四番」（ハ短調）、「弦楽五重奏曲第四番」（ト短調）、「ピアノソナタ第一四番」（ハ短調）、「ピアノのための幻想曲」（ハ短調）と、短調の曲にはモーツァルトを代表する名作が目白押しです。そして彼の最後の曲、未完の傑作「レクイエム」

（二短調）もまた短調です。

ところがこれらの曲の多くは当時の聴衆には受け入れられませんでした。いや、むしろ嫌われたと言ってもいいかもしれません。にもかかわらず、モーツァルトがそうした音楽を書いたということは、彼が自身の創作欲求に捉《とら》われて聴衆のことを忘れていたと言えるかもしれません。

ただ、その代償は小さくはありませんでした。彼が短調の曲を書くようになってから、人気は急速に落ちていったからです。もちろん人気凋落《ちょうらく》の原因はそれだけではありませんが、当時の聴衆がモーツァルトを「不気味な音楽を書く作曲家」と見做《みな》したのはやはり大きかったのではないかと思います。彼に英才教育を施《ほどこ》し、一番の理解者であった父レオポルト（彼自身も音楽家）もまた、円熟期を迎えた息子の音楽を理解できなくなっていました。何度も息子への手紙で、「なぜ、そんな曲を書くのか？」という意味のことを書いています。

レオポルトは息子の才能がおかしな方向へ進んだと思い、当時の音楽界の大長老の作曲家ハイドンに相談しています。ハイドンはレオポルトにこう答えています。

「神にかけて言いますが、あなたの息子は私の知る限り、最高の音楽家です」

ただ残念ながらレオポルトはこの言葉を額面通りに受け取ることができなかったようです。しかしこのことで彼を責めるのは酷というものです。モーツァルトの音楽は同時代のはるか先へ進んでいたからです。

その音楽の本当の凄《すご》さを認めていたのは、ハイドンはじめ一部の音楽家だけでした。モーツァルトの一四歳年下のベートーヴェンもその一人です。彼はモーツァルトのピアノ協奏曲の二つの短調の曲（全二七曲の中で短調はこの二曲だけ）を非常に高く評価していました。「第二〇番」（ニ短調）にはカデンツァ（協奏曲の楽章の終わりにあるソリストの独奏部分）をわざわざ書いているほどだし、また「第二四番」（ハ短調）の主題に非常によく似た主題で、同じハ短調の「第三番」を書いています。

とにかく、この二つの短調のピアノ協奏曲はモーツァルトが自己の才能をすべて注《つ》ぎ込んで書いたと思われるような凄まじい大傑作ですが、残念ながら当時の聴衆には受けませんでした。

こうして天才モーツァルトは同時代の人々からは評価されなくなり、やがては悲惨な晩年を迎え、貧困のうちに三五歳の若さで命を失うのですが、私は、その萌芽《ほうが》は、彼が一七歳の時に作った「交響曲第二五番」だと思います。この曲を聴くたびに、一〇年後に始まる彼の人気の凋落を予感させる何かを感じます。

モーツァルトは生涯で交響曲を五〇曲あまり作っていますが（数には諸説あり）、そのうち短調の曲は、この「第二五番」と亡くなる前年に作った「第四〇番」の二つしかありません。「第四〇番」はモーツァルトの最高傑作の一つとして知られ、おそらく今日《こんにち》、彼の交響曲で一番人気がある曲でしょう。小林秀雄《こばやしひでお》氏の名高いエッセイ『モオツァルト』の第二節冒頭は、この曲の終楽章の話から始まります。

面白いのは、この二つの短調の交響曲が共にト短調ということです（「第四〇番」との比較で「第二五番」は「小ト短調」と呼ばれることもある）。その意味でも、「第二五番」はまるで彼自身の晩年を予感させると同時に、先取りしている曲でもあります。一七歳という青春真っ只中にあり、しかも人気絶頂の中で、突如それまでの明るい作風を一変させ、魂《たましい》が泣き叫ぶような曲を書いたモーツァルト。ちなみにこの曲は二日で作曲したと言われています。まさしく一気呵成に書き上げられたのです。

私はこの曲にはモーツァルトの本当の心が表れているような気がします。喩《たと》えてみれば、普段は地底の奥深くに眠る熱いマグマが突然の噴火と共に噴出するかのようです。われわれが木々に覆われた美しい緑の山と思っている山は、けっしてそうではなかったのです。

流行など関係ない、クレンペラーの名盤

「交響曲第二五番」は晩年の交響曲と比較すると録音が少ない曲です。その中で私が好きなのはオットー・クレンペラー指揮フィルハーモニア管弦楽団の演奏です。六〇年以上前の録音ですが、これほど凄絶な演奏もちょっとありません。近年、モーツァルトの初期の曲はピリオド楽器（作曲当時の楽器）を使った小編成のオーケストラで演奏されることが多いですが、クレンペラーはモダン楽器による大オーケストラを用いて演奏しています。現代においては時代遅れとも言えるアプローチですが、この曲の持つ悲劇性を見事に捉えています。真実の前には時代の流行など関係ないのです。

カール・ベーム指揮ベルリン・フィルハーモニー管弦楽団の演奏も骨太で素晴らしいものです。ブルーノ・ワルター指揮コロンビア交響楽団の演奏は古き良きヴィーンの香りが漂います。録音の新しいところでは、ジェームズ・レヴァイン指揮ヴィーン・フィルハーモニー管弦楽団の演奏がいい。

ピリオド楽器による演奏では、クリストファー・ホグウッド指揮エンシェント室内管弦楽団、トレヴァー・ピノック指揮イングリッシュ・コンサートがお薦《すす》めです。トン・コー

プマン指揮アムステルダム・バロック管弦楽団は斬新で面白い。

ちなみに映画『アマデウス』に使われた録音は、ネヴィル・マリナー指揮アカデミー・オブ・セント・マーティン・イン・ザ・フィールズによる演奏ですが、これも名演です。

ベートーヴェン「ピアノ協奏曲第五番《皇帝》」

天才作曲家と天才ピアニストの融合

占領下のヴィーンで

ルートヴィヒ・ヴァン・ベートーヴェン（一七七〇―一八二七）は六つのピアノ協奏曲を書いていますが（そのうちの一つはヴァイオリン協奏曲のピアノバージョン）、最後のピアノ協奏曲は《皇帝》という勇壮な名前がつけられています。これは作曲者がつけたものではなく、のちの人々が「すべてのピアノ協奏曲の皇帝である」という意味でつけたものです（曲そのものが皇帝的だからという説もある）。確かにそう言いたくなるほど、この曲は英雄的な響きに満ちています。

ベートーヴェンが二十代に書いた「ピアノ協奏曲第一番」と「同第二番」は、どちらかと言えばハイドン、モーツァルトの流れを汲《く》んだ優雅でかわいいピアノ協奏曲でしたが、「同第三番」において新境地を開くと、続く「同第四番」でさらに深淵《しんえん》な世界に足を踏み入れました。そして満を持して作られたのが、今回紹介する「ピアノ協奏曲第五番 変ホ長調《皇帝》」です。この変ホ長調という調性《ちょうせい》(ハ長調、ト短調など)に注意してもらいたいと思います。これは「交響曲第三番《英雄(エロイカ)》」の調性と同じです。つまりベートーヴェンが、雄渾《ゆうこん》でヒロイックな曲を作る時に選ばれる調性なのです。

この曲が書かれたのは、一八〇九年と言われていますが(初演は一八一一年)、ちょうどこの頃、ベートーヴェンが住んでいたヴィーンは、ナポレオンの軍隊に占領されていました。皮肉なことに、かつて彼がその偉業を称《たた》えて《エロイカ》を書いた男によって、祖国が踏みにじられたのです。

ベートーヴェンがナポレオンを崇拝した理由は、彼が一司令官であるにもかかわらず、超人的な活躍でフランスを守り抜いたことにあります。共和国政府に親近感を抱いていたベートーヴェンは、ナポレオンに捧《ささ》げようとして《エロイカ》を書きましたが、彼が「皇帝」の座に就《つ》いたことを知り、怒りのあまり「献呈の辞」をペンで書きつぶしたことは『クラシックを読む2』で書きました。

フランスと周辺国の戦いはその後も続き、一八〇九年にはオーストリアはナポレオンの軍隊に敗れ、ヴィーンを占拠されていました。ベートーヴェンの怒りは相当なものだったと思います。この頃、ベートーヴェンはこんな言葉を残しています。

「私が音楽の対位法（異なる二つ以上のメロディーが同時に進行する音楽）を知っているくらい戦術を知っていれば、ナポレオン軍に目にものを見せてやるのだが」

いかにもベートーヴェンらしい言葉です。

戦争を音楽で表現

《皇帝》は、ベートーヴェンが砲撃の音を避けて、地下室で書いたと言われています。誰も言わないことですが、私は、ベートーヴェンがナポレオン軍を撃破することを夢見て書いた曲であると思います。

第一楽章は全合奏の和音から始まります。これはまさしく戦争開始の大砲です。そして軍隊が突撃するように、ピアノが鍵盤を凄まじい勢いで駆け巡ります。そして再び全合奏による砲撃とピアノによる突撃。これが三度続いたあとに、ピアノが勇ましい主題を弾《ひ》きます。

この主題は四分の四拍子ですが、これはどう聴いても軍隊行進曲風です（行進曲は普通二分の二拍子）。つまりベートーヴェンは、《皇帝》で明らかに軍隊あるいは戦争を描いています。これを多くの音楽評論家が指摘しないのは不思議です。

《皇帝》は《エロイカ》以上に激しく闘争的です。《皇帝》と呼ばれるのも理解できます。この第一楽章を聴けば、誰もが勇気を感じるだろうと思います。しかしこの曲は《エロイカ》にはない華やかさがあります。展開部で何度か短調になる部分がありますが、それがまた聴く者の心を打ちます。再現部で再び全合奏による砲撃があり、ピアノが再び鍵盤を駆け巡ります。これほど豪華絢爛《ごうかけんらん》な協奏曲はこれまで誰も書けなかったものです。

通常、ピアノ協奏曲のコーダ（終結部）にはカデンツァが設けられていて、ベートーヴェンも、それまでの四曲の協奏曲にはすべてカデンツァを書いていますが、《皇帝》にはカデンツァがありません。楽譜にベートーヴェン自身の指示で「カデンツァは不要」と、はっきりと書かれています。彼にしてみれば、演奏者の自由な即興などで、この曲の完成度を損《そこ》なわれてたまるかという思いだったのかもしれません。これ以後、ロマン派の協奏曲からカデンツァは消えました。

この楽章はダ・カーポ（繰り返し）はいっさいなしで二〇分もあります。ベートーヴェンの九つの交響曲の中で、これより長い楽章は「交響曲第九番《合唱付》」の終楽章だけです。これを見ても、いかにベートーヴェンが力を入れて書いた曲かがわかります。

第二楽章は打って変わって、穏やかなオーケストラの演奏から始まります。やがてピアノが優しく語りかけるように美しいメロディーを奏《かな》でます。第一楽章の激しく闘争的なピアノとはまるで違います。まるで傷ついた兵士を包み込むような音です。中間部分のピアノソロの美しさはどう喩えればいいのでしょう――まさに言葉を失うとはこのことです。これは「祈り」の音楽でもあります。

第三楽章は、第二楽章の終わりから続けて演奏されます。音楽は再び勇壮さを取り戻します。跳《は》ねるような独特のシンコペーション（拍子、リズムなどを意図的に変える）の主題は、クラシック音楽のリズムとは思えないほどです。ここにもベートーヴェンという破天《はてん》荒《こう》な作曲家の才能を見ることができます。

オーケストラとピアノが丁々発止《ちょうちょうはっし》でやりあう中、音楽がどんどん高揚していく様《さま》はまさしくベートーヴェンの真骨頂です。なお、この楽章においてもカデンツァはありません。

最後は、ピアノがもう一度鍵盤の上を華麗に駆け巡り、それをオーケストラの和音ががっちりと受け止めて、豪快に幕を閉じます。

これほど壮大で豪華絢爛なピアノ協奏曲はちょっとありません。ベートーヴェンの中にある天才的ピアニストの一面と、天才的交響曲作曲家の一面が融合した、大協奏曲です。

しかし当時の聴衆には受けなかったようで、初演（ピアノはベートーヴェンの弟子カール・ツェルニー演奏）を行なっただけで、それ以降ベートーヴェンの存命中は一度も演奏されませんでした。おそらく時代を進みすぎたのでしょう。

もっともベートーヴェンの場合、生前にはほとんど演奏されなかった曲は珍しくありません。「ピアノソナタ第二九番《ハンマークラヴィーア》」などは、作曲当時は、あまりの難技巧のために弾けるピアニストもいませんでした。

にもかかわらず、生涯にわたって傑作を書き続けたベートーヴェンを見ると、彼こそ「真の芸術家」であると思います。私はしがない小説家ですが、自分の書いた作品が、初版数百部ですぐに絶版にされたり、中には出版もされないというのが当たり前の状況の中で、はたして書き続けられるだろうかと思います。生活のためなら仕方なく書くでしょうが、力を込めた作品を書く自信はとてもありません。しかしベートーヴェンの曲は全身全霊を注ぎ込んで書かれた曲がほとんどであるのが凄いとしか言いようがありません。もっとも私のような三文作家と比べられては、ベートーヴェンも苦笑するでしょうが。

《皇帝》の話をしたので、その一つ前に書かれた「ピアノ協奏曲第四番」にも触れておきたいと思います。《皇帝》が男性的な曲とすれば、「第四番」は女性的な曲と言えます。曲全体はたおやかで優美です。まさに《皇帝》と対《つい》になる曲と言ってもいいと思います。

特に第二楽章がとてつもなく素晴らしい。オーケストラが怒りの咆哮《ほうこう》を上げるのに対して、ピアノがその怒りを鎮めるかのように優しく語りかけます。これはまさしく男（オーケストラ）と女（ピアノ）の対話を聞くようです。そして荒れ狂っていた男はやがて怒りを収め、女性の胸に優しく包まれる――。

《皇帝》ファンはぜひ「第四番」も聴いてもらいたいと思います。ニックネームがないので一般には馴染《なじ》みが薄いですが、《皇帝》に優《まさ》るとも劣《おと》らない名曲です。

名盤中の名盤

さて《皇帝》の名盤は非常に多い。名ピアニストと名指揮者ががっちりと組めば、名演になるのは目に見えています。

まず挙げたいのは、エトヴィン・フィッシャー（ピアノ。以下P）とヴィルヘルム・フルトヴェングラー指揮フィルハーモニア管弦楽団の演奏です。共に一八八六年生まれのドイツの巨匠（フィッシャーはスイス生まれだが、ドイツで演奏活動をした）が見事な演奏を繰り広げています。吉田秀和《よしだひでかず》氏はこの演奏を「私に、もう一つ羞恥心が欠けていたら、私は、『これこそまさに、あらゆる「第五ピアノ協奏曲」のレコードの中の《皇帝》である！』とでもかいただろう」（吉田秀和著『フルトヴェングラー』河出文庫）と書いています。吉田氏がそう書かなかったのは、そんな表現が好みでなかったからにすぎません。とにかくスケールの大きさが尋常ではありません。それでいて繊細で深い陰影に富《と》む演奏です。二人の演奏家にとっては、最晩年のものになりますが、よくぞこの録音を残してくれたものだと思います。

ルドルフ・ゼルキン（P）とレナード・バーンスタイン指揮ニューヨーク・フィルハーモニックの演奏も素晴らしい。ゼルキンのピアノはとてつもなく力強く、それを受けるバーンスタインの指揮も負けていません。まさしく「無敵の皇帝」の進軍とでも呼びたいような演奏です。しかし第二楽章は深い祈りに満ちています。

マウリツィオ・ポリーニ（P）とカール・ベーム指揮ヴィーン・フィルハーモニー管弦楽団の演奏も非の打ちどころがないものです。当時三十代のポリーニのテクニックはパーフェクトで、その演奏は「知・情・意」すべてが最高レベルに達しています。スタジオ録音にもかかわらず、第三楽章の途中で感きわまって、思わず声を上げるほどのめり込んでいます。

他にも、フリードリヒ・グルダ（P）とホルスト・シュタイン指揮ヴィーン・フィルハーモニー管弦楽団、ヴィルヘルム・バックハウス（P）とハンス・シュミット＝イッセルシュテット指揮ヴィーン・フィルハーモニー管弦楽団、アルトゥール・ルービンシュタイン（P）とダニエル・バレンボイム指揮ロンドン・フィルハーモニー管弦楽団の演奏がいい。バレンボイムはオットー・クレンペラー指揮ニュー・フィルハーモニア管弦楽団のバックでピアノを弾いている演奏もありますが、これも素晴らしい。

変わったところでは、ベートーヴェンの交響曲全曲をピアノで弾いているシプリアン・カツァリスが《皇帝》をピアノ独奏用に編曲したものがありますが、これは実に面白い。カツァリスはネヴィル・マリナー指揮アカデミー室内管弦楽団をバックに弾いたCDもありますが、これも見事な演奏です。

ヘンデル「水上の音楽」

なぜバッハに会わなかったのか?

知恵と才覚と上昇志向

ゲオルク・フリードリヒ・ヘンデル（一六八五―一七五九）はバッハと並ぶ、バロック時代の最大の作曲家です。同じドイツ出身で、生まれた年も同じです。しかし二人は生涯、一度も会うことがありませんでした。というのは、ヘンデルは二十代後半からイギリスに住み、ドイツにはほとんど帰らなかったからです。

ヘンデルはイギリスに帰化しているので、厳密にはドイツの作曲家ではなく、名前も本当はイギリス風にジョージ・フレデリック・ハンデルと呼ぶのが正しいのかもしれません。これは屁理屈ではありません。たとえばハリウッド女優のオードリー・ヘップバーンはベルギーのブリュッセル生まれで、現地読みすればヘボンですが、世界の誰もそうは呼びません。同じくハリウッドの大女優イングリッド・バーグマンも、彼女の出身地であるスウェーデン読みのベルイマンとは呼ばれません。

しかしなぜかヘンデルは、日本では前記のようにドイツ風に呼ばれています。これはおそらくドイツ音楽をありがたがる日本のクラシック音楽界独特の伝統のためであると思います。ですから本当はハンデルと呼びたいところですが、ここでは慣例に倣《なら》ってヘンデルと書きます。

話がいきなり脱線しましたが、ヘンデルは当時のヨーロッパでもっとも成功した音楽家の一人でした。その盛名《せいめい》はヨーロッパ中に響きわたっていました。生涯をドイツの地方都市で暮らし、地元以外にほとんど名前を知られることがなかったバッハとは対照的です。また音楽もまるで違っていました。難解で時として退屈にも聴こえることもあるバッハの曲に対して、ヘンデルの曲は明快でわかりやすくて心地よい響きを持っています。

私がヘンデルを聴いて一番に感じる特徴は「華やかさ」と「祝典性」です。また「豪華絢爛」という言葉がこれほど似合う作曲家も少ないと思います。一度耳にするだけで心を奪われてしまう魅力があります。そのため、現代でも彼の曲は祝典においてよく使われます。スポーツの大会の表彰式で優勝者を称える曲として使われるのは、オラトリオ「ユダス・マカベウス」の中の合唱曲「見よ、勇者は帰る」です。オラトリオとは聖書にちなんだ宗教曲です。私はサッカーに詳しくないのでよく知らないのですが、UEFAチャンピオンズリーグの入場曲は「ジョージ二世の戴冠式アンセム」の第一番「司祭ザドク」をアレンジしたものということです。

ヘンデルは生涯に六〇〇を超える曲を書きましたが、代表作はオペラとオラトリオで、もっとも知られているのはイエス・キリストを称えたオラトリオ「メサイア」です。曲中にある合唱曲「ハレルヤ」(「ハレルヤコーラス」と呼ばれている)はあまりにも有名です。「メサイア」はバロック時代を代表する宗教曲で、バッハの「マタイ受難曲」や「ヨハネ受難曲」に匹敵する名曲と言われていますが、私は個人的にはバッハの二つの受難曲には及ばないと思っています。ヘンデルファンの皆様、ごめんなさい。

とはいえ「メサイア」が凡曲であると言うつもりはありません。まぎれもない名曲であると思います。ただ、バッハの前記二曲を含む一連の宗教曲の数々が凄すぎるのです。だから彼と同時代のヘンデルの代表作として「メサイア」を挙げるのは今一つ気が進まないというわけです。

そこで今回はヘンデルの魅力を知っていただくために、「水上の音楽」を紹介したいと思います。これも有名曲で、ある意味ポピュラー名曲とも言えますが、私はこの曲こそヘンデルの特徴である華やかさ、祝典性、絢爛さ、荘厳さがもっとも顕《あらわ》れた曲ではないかと思っています。これは管弦楽で、版《はん》によって違いがありますが、二〇曲前後の組曲になっています。

この曲には面白い逸話が残されています。

ヘンデルは二五歳でドイツのハノーヴァー選帝侯ゲオルク・ルートヴィヒの宮廷楽長に就きました。その年末、休暇を取って音楽市場として発展していたイギリスに渡り、そこで成功を収めて翌一七一一年に一時帰国しました。当時のイギリスは経済力も最盛期にあり、ドイツよりも豊かな国でした。翌年、再びイギリスに渡ったヘンデルは、イギリス王室のアン女王のお気に入りとなり、年金までもらえる身分となりました、この厚遇に気をよくしたヘンデルは、雇《やと》い主のハノーヴァー選帝侯の帰国命令に従わず、イギリスで暮らす道を選択しました。

ところが約半年後、ヘンデルの予想もしなかったことが起こります。アン女王が急死したのです。そして何ということか、イギリス王室は新たな国王としてハノーヴァー選帝侯を迎え入れたのです。これはヘンデルにとっては大変な事態です。イギリス王となったゲオルク・ルートヴィヒ改めジョージ一世は、不義理を重ねた自分を快《こころよ》くは思っていないのは確実です。せっかくロンドンで成功を収めたのに、このままイギリスにいては不遇を託《かこ》つことになります。

翌年の一七一五年、ジョージ一世がテムズ川で舟遊びをすると知ったヘンデルは一計を案じます。当日、楽団員と共に別の舟に乗り、王のために作曲した曲を自ら指揮しながら、王の舟に近づいたのです。王は水上で演奏される音楽の素晴らしさに感動し、かたわらにいる者に「あの舟で演奏している楽長は誰か」と訊《たず》ねました。それがヘンデルであると知った王は、彼の粋《いき》なはからいに機嫌を直しました。そしてヘンデルは許され、再び王宮への出入りも許可されました。

以上が有名なエピソードですが、今日の研究によれば、これは事実ではないようです。王の舟遊びは一七一七年で、「水上の音楽」はこの時に演奏されています。逸話にある一七一五年には舟遊びも演奏の記録もありません。

ただ、王がヘンデルをよく思っていなかったのは事実だったようです。しかし当時の新聞には、一七一七年までにはそのわだかまりも消えていたと書かれています。またこの時の舟遊びで、王は「水上の音楽」を大いに気に入り、二度も繰り返して演奏させたとあります。その後、ヘンデルは年金額も倍に増額されています。ただ、「水上の音楽で和解した」というのは後世の作り話らしいということです。

しかし私はこのエピソードが好きです。というのは、いかにもヘンデルらしい如才のなさを表した話であると思うからです。成功を求めてドイツからイギリスに渡り、その地で女王の寵愛を受けると、元の雇い主に後ろ足で砂をかけたものの、元の雇い主がイギリス王になると、またもや上手に取り入ってしまう。舟遊びで和解したというのは史実でないかもしれませんが、おそらくそれに似た芝居気たっぷりなパフォーマンスで王の機嫌を取ったのではないかと想像します。

こんなことを書いたからといって、ヘンデルを非難する気は毛頭《もうとう》ありません。当時の音楽家の身分は現代とは比べものにならないほど低いものでした。王侯貴族から言えば「下賤の身」です。そんな彼がロンドンの上流階級に入り込むためには、相当な知恵と才覚を必要としました。また彼は若いうちから成功を求めてイタリアやイギリスに旅し、ついにヨーロッパ一の名声を築くまでになりました。ただの運がいいだけの男ではありません。

ヘンデルの音楽は豪華絢爛な響きが満ちていると書きましたが、これはあえて意地悪な見方をすれば、「ハッタリ」的な要素があるとも言えます。ヴァーグナーの音楽にも似たものを感じます。「メサイア」の中の「ハレルヤコーラス」を聴いてみてください。名曲ではありますが、そこには一種のハッタリ的な華やかさがあるように見えます。

会わなかった理由を推理する

本項の冒頭にヘンデルとバッハは同年にドイツに生まれながら一度も会うことがなかったと書きましたが、実は二度ニアミスがあります。

一度目は一七一九年、二人が三四歳の頃です。この年、ヘンデルがドイツに一時帰国して、生まれ故郷のハレに滞在しました。ハレからわずか六キロしか離れていないケーテンにいたバッハはヘンデルに会おうとハレに赴《おもむ》きました。バッハは以前からヘンデルを尊敬していたからです。しかしバッハがハレに着いた時には、ヘンデルはハレを発《た》ったあとでした。

二度目のニアミスは一七二九年、両者が四四歳の頃です。この年、ヘンデルはイタリア旅行の途中に再びハレを訪れました。ライプツィヒにいたバッハはヘンデルに会いたいと願いましたが、運悪く病気で動けませんでした。そこで長男ヴィルヘルム・フリーデマン・バッハをハレに遣《つか》わし、ライプツィヒに招待したい旨を伝えました。しかしヘンデルはその申し出を断《ことわ》り、ついにバロック時代の二人の巨匠は生涯一度も会うことがありませんでした。

ヘンデルがバッハの申し出を断った理由は不明とされています。かたやヨーロッパ中に名声を轟《とどろ》かせた音楽家、かたやドイツの片田舎の無名の音楽家、ヘンデルが相手にしなかったというのが一般的な解釈ですが、私はそれに異論を唱えたいと思います。

確かにバッハは国際的には無名ですが、ハレにはヘンデルとバッハの両方に親交があった作曲家が何人かいました。ヘンデルは彼らからバッハのことを聞いていたと思います。普通に考えれば、彼はバッハの楽譜を目にした可能性も高い。仮にヘンデルがバッハの楽譜を知らなかったとしても、バッハの息子ヴィルヘルム・フリーデマンがヘンデルに会う時には父の楽譜を持参していたと思います。

さて、ここからは私の想像――いや、小説です。

ある日、功成り名を遂げた作曲家のヘンデルは、たまたま故郷に滞在していたところ、ヴィルヘルム・フリーデマン・バッハと名乗る見知らぬ青年の訪問を受けます。

青年は父の使いでやってきたと告げます。

「音楽家である父はあなたを尊敬しています。父はあなたに会いたがっていますが、病気で動けません。無理なお願いを承知で申し上げますが、どうか一度ライプツィヒに来ていただけないでしょうか」

青年はそう言うと、数枚の楽譜をヘンデルに渡します。

「これが父の書いた音楽です」

何気なくその楽譜を見たヘンデルは驚愕します。これはいったい何という音楽だ！

そこには、これまで聴いたこともない天上の調べとも思える音楽が記されていました。

ヘンデルは震《ふる》える指で楽譜を青年に返すと、静かに言いました。

「大変申し訳ないが、多忙のため、父上の期待には応《こた》えられない」

青年は悲し気な表情を見せ、帰っていきました。

版の違いに囚《とら》われない

前述したように、「水上の音楽」には版がいくつも存在します。ここでそれを詳細に記す余裕はありませんが、聴くほうはあまり版の違いを気にすることはないと思います。

私が好きなのはラファエル・クーベリック指揮ベルリン・フィルハーモニー管弦楽団の

CDです。大らかで荘厳な演奏です。ジョージ・セル指揮ロンドン交響楽団の演奏は豪華絢爛なもので、ヘンデルらしいと言えます。ただし編曲版です。

リッカルド・ムーティ指揮ベルリン・フィルハーモニー管弦楽団の演奏も派手で華やかな演奏です。

ピリオド楽器だと、トレヴァー・ピノック指揮イングリッシュ・コンサートの演奏が素晴らしい。きびきびしていて小気味いい演奏です。ニコラウス・アーノンクール指揮ヴィーン・コンツェントゥス・ムジクスの演奏は非常に斬新で前衛的なヘンデルが聴けます。

リヒャルト・シュトラウス「ツァラトゥストラはかく語りき」

映画『2001年宇宙の旅』で超有名曲に

あまりに有名な冒頭部分

長い伝統を持つクラシック音楽の中には、パロディーに使われるほど人口《じんこう》に膾炙《かいしゃ》したメロディーがいくつもあります。ベートーヴェンの「交響曲第五番《運命》」の冒頭、ワーグナーの歌劇「ローエングリン」の「結婚行進曲」、ショパンの「ピアノソナタ第二番《葬送》」第三楽章の「葬送行進曲」などは、原曲を一度も聴いたことがなくても、その主題を知らない人はいないでしょう。

リヒャルト・シュトラウス（一八六四―一九四九）の交響詩「ツァラトゥストラはかく語りき」の冒頭も、そんなメロディーの一つです。交響詩とは文学的あるいは絵画的な内容を持ち、かつ標題のある管弦楽曲のことです。「ツァラトゥストラはかく語りき」冒頭の「ドーソードー」という音はあまりにも有名です。ただ、《運命》などの有名曲は何度も演奏されて次第に人々に浸透していきましたが、この曲を超有名曲にしたのは一本の映画です。

その映画とは、一九六八年に製作された『2001年宇宙の旅』（原題は「2001: A Space Odyssey」）です。映画のオープニングシーンは数百万年前の地球です。人類の祖先である一匹の猿が一本の骨で、地面に転がっている骨を叩《たた》いて遊んでいる時、突然、彼の脳裏に何かが閃《ひらめ》きます――「この骨は武器になる」。猿の脳裏に、多くの動物が骨の一撃を受けて倒れていくシーンがフラッシュバックされていきます。猿がはじめて道具を使うという、まさしく「人類の夜明け」を象徴する劇的な場面です。この時、バックに流れる音楽が「ツァラトゥストラはかく語りき」の冒頭部分です。この効果は抜群で、多くの観客に強烈な印象を与えました。

実はこの映画ができるまで、この曲は一般にはほとんど知られていませんでした。またクラシックファンにとっても、シュトラウスの他の交響詩に比べて人気は高くはありませんでした。ところが、この映画以降、同曲はシュトラウスの曲の中でもっとも有名な曲となりました。これ以降、冒頭のメロディーはさまざまなドラマや映画やバラエティー番組で使われるようになります。

何でも表現できるがゆえに、表現できない!?

この曲は、一九世紀の天才哲学者ニーチェの著書『ツァラトゥストラはかく語りき』にインスピレーションを受けて書かれた曲です。近年、ニーチェがブームとなり、同書も名著として知られていますが、実はシュトラウスがこの曲を書いた当時はほとんど知られていませんでした。同書は全部で四部からなりますが、第一部が出版されたのは一八八三年、第二部と第三部が刊行されたのが一八八四年ですが、ほとんど売れませんでした。最後の第四部は出版を引き受けてくれるところがなく、ニーチェは親しい友人に配るために私家版としてわずかに四〇部を印刷しただけでした。

ところが当時二〇歳くらいだったシュトラウスは、刊行当初からこの本を読んでいたのです。それはなぜか――。あまり知られていませんが、シュトラウスはミュンヘン大学の哲学科に学んでおり（一年で中退して音楽の道に進んでいる）、ニーチェにも深い関心を持っていたからです。そして同書から受けた印象を交響詩で描こうと考え、一八九六年、三二歳の時に交響詩「ツァラトゥストラはかく語りき」を書きました。

ニーチェの『ツァラトゥストラはかく語りき』はゾロアスター教の開祖と言われるツァラトゥストラ（ゾロアスターのドイツ語読み）が一〇年の山籠《やまご》もりの末に悟りを開き、山を下って、さまざまなことを語るという物語です。ここにはニーチェによる「神の死」「超人」「永劫回帰《えいごうかいき》」などの思想が語られています。

冒頭の有名なシーンは、ツァラトゥストラが地平線に太陽が姿を現すのを見て、悟りを開く場面です。最初にオルガンの最低音が鳴らされる（オルガンのない場合、低弦楽器《ていげん》「チェロとコントラバス」で代用される）。やがてトランペットで「ドーソードー」という音が鳴る（「自然の動機」）。そして和音のあとに、ティンパニの連打が続きます。それが三度繰り返され、最後はオーケストラの全合奏による輝かしいファンファーレで締めくくられます。まさに暗黒の世界に光が差し込む光景が、聴く者の脳裏に浮かぶ素晴らしい音楽です。

同曲は九つの部分からなっていて、切れ目なしに演奏されます。以下、簡単に説明します。

「導入部」……「日の出」とも言われ、前述したように非常に印象的な音楽です。

「世界の背後を説く者について」……最初は重苦しい語りですが、後半は優しさと慈愛に満ちた曲になります。

「大いなる憧《あこが》れについて」……夢見るような音楽から始まりますが、やがて低弦楽器が不安を煽ります。

「喜びと情熱について」……激しく情熱的な音楽が展開されます。

「墓場の歌」……前曲と同じメロディーが使われていますが、暗くしめやかな雰囲気に満ちています。

「学問について」……「自然の動機」をもとにしてオクターブの一二の音がすべて入っている主題が奏《そう》されます。

「病《やまい》より癒《い》えゆく者」……前曲の動機がフーガ（同じ旋律を何小節か遅れて次々に追いかける形式。遁走曲《とんそうきょく》）で展開されます。最後に「自然の動機」で盛り上がったところで、音楽はいったん休止します。

「舞踏の歌」……クライマックス部分で、全曲の約三分の一を占めます。ワルツのリズムが基調になっていて、それまでに演奏されたさまざまなメロディーが再現され、複雑に交錯します。非常に艶《なま》めかしい音楽で、シュトラウスならではのとろけるような曲となっています。いっぽうでどことなく郷愁を誘うような切なさもあります。「夜を彷徨《さまよ》う者の歌」……午前零時を告げる鐘が鳴り響く中、静かに音楽が終わりに近づいていきます。やがて「大いなる憧れについて」や「学問について」で出てきたメロディーがきわめて遅いテンポで再現されます。コーダでは、高音のロ長調の和音（「人間」を表している）と低音のハ音（「自然」を表している）が対置され、両者がけっして交《まじ》わらないことを象徴して終わります。

全体として、統一感はなく、一見すると捉えどころのない曲に聴こえます。また冒頭を除けば、シュトラウス独特の視覚的な要素にも欠けます。そのせいもあってか、シュトラウスの交響詩の中では、かつてはもっとも演奏回数が少なかった曲だったようです。

シュトラウスの演奏を得意とし、彼の交響詩を頻繁《ひんぱん》に取り上げたヴィルヘルム・フルトヴェングラーも、「ティル・オイレンシュピーゲルの愉快ないたずら（以下ティル）」の一八七回、「ドン・ファン」の一四二回、「死と変容」の八八回に比べて、「ツァラトゥストラはかく語りき」の二八回はかなり少ない。もっともフルトヴェングラーは「英雄の生涯」は一五回、「ドン・キホーテ」はわずかに一回しか振っていません。「英雄の生涯」と「ドン・キホーテ」は私の大好きな曲だけに、彼の録音がないのが残念ではありますが。

いっぽう、「ツァラトゥストラはかく語りき」「英雄の生涯」「ドン・キホーテ」をよく取り上げたのはヘルベルト・フォン・カラヤンです（逆に「ドン・ファン」「ティル」「死と変容」を振った回数はフルトヴェングラーよりも少ない）。指揮者としてはすべてが対極的なフルトヴェングラーとカラヤンですが、シュトラウスの交響詩に関しても、はっきりと好みが分かれているのは面白いと思います。私はシュトラウスの交響詩は全部好きですが、音楽家には微妙な違いが見えるのかもしれません。

ただ、フルトヴェングラーがあまり演奏しなかった「英雄の生涯」「ドン・キホーテ」「ツァラトゥストラはかく語りき」には、共通点がないわけではありません。あえて言えば、長編物語的で幾分散漫な感じがする曲です。「ドン・ファン」「死と変容」「ティル」は短編小説的で、音楽が一つのテーマに絞られて凝縮しています。フルトヴェングラーは曲の全体像を把握する力が並ではなく、もしかしたら「英雄の生涯」「ドン・キホーテ」「ツァラトゥストラはかく語りき」には構成的な弱さを見ていたのかもしれません。

「ツァラトゥストラはかく語りき」はその内容から、散漫度合いは「英雄の生涯」や「ドン・キホーテ」よりも顕著で、そのあたりがかつてはあまり演奏されなかった理由かもしれません。しかし前述のように映画『２００１年宇宙の旅』のおかげで、この曲は人気曲となりました。もしかしたらシュトラウスの交響詩の中では、今では一番演奏回数が多くなっているのかもしれません。

シュトラウスは歌劇の舞台上にある杯《さかずき》を表現するのに、「金製か銀製かの違いまで音で描ける」と豪語したほど、自分の音楽表現に自信を持っていました（もちろん半ば冗談だとは思うが）。だから瀕死《ひんし》の病人が死にゆく様を描いたり（「死と変容」）、中世のいたずら者が暴れまくる様を曲にしたり（「ティル」）、理想の女性を求めて彷徨う男の悲劇や（「ドン・ファン」）、セルバンテスの物語の主人公（「ドン・キホーテ」）を交響詩にしたりと、まるで自分の作曲テクニックを誇るような曲を書き続けました。そしてついにはニーチェの哲学書までも音楽で描くことを試みたのです。

その意味では、この曲はシュトラウス一流のハッタリの曲かもしれない。有名な冒頭を聴くと、にやりとほくそ笑む彼の顔まで浮かびそうです。

ただ私は、シュトラウスという音楽家はあまりにも才能がありすぎた不幸を背負った男ではないだろうかという気がします。というのは、何でも表現できるので具体的な何かがないと逆に何も音にできないという欠点を持っていたのではないでしょうか。彼の作品に抽象的な交響曲や協奏曲や弦楽四重奏曲やピアノソナタといった曲がほとんどなく、多くが標題のある交響詩や、歌詞のある歌曲や、台本があるオペラなのは、そのせいではないでしょうか。

カラヤンのクレジットが入っていない名盤

この曲は、第二次世界大戦前はほとんど録音がありません。しかし戦後、特に映画『2001年宇宙の旅』以降は一気に録音が増えました。

ちなみに映画で使われた録音は一九五九年にヘルベルト・フォン・カラヤン指揮ヴィーン・フィルハーモニー管弦楽団によるものです。この時、レコード会社のデッカは映画にカラヤンのクレジットを入れさせず、映画のサウンドトラックのレコードにも入れることを許可しませんでした。そのため、カラヤンのLPは爆発的に売れる機会を逸《いっ》し、彼はデッカを告訴することまで考えたと言われています。話が逸《そ》れましたが、カラヤンの録音は名演です。彼はそれ以後、何度か録音していますが、いずれも素晴らしいものです。

フリッツ・ライナー指揮シカゴ交響楽団の演奏も超名演です。きりりと引き締まった演奏ですが、同時にしなやかで色気もたっぷりとあります。六〇年以上も前の録音ですが、今聴いても見事な音です。ちなみに、この録音はカラヤンよりも古く、ライナーは「ツァラトゥストラはかく語りき」の魅力をいちはやく見抜いていた指揮者の一人とも言えます。

他にはズービン・メータ指揮ロサンゼルス・フィルハーモニー管弦楽団、ルドルフ・ケンペ指揮シュターツカペレ・ドレスデン、ゲオルク・ショルティ指揮シカゴ交響楽団の演奏がいい。

シューベルト「魔王」

甘美な世界が一転、恐怖へと変わる

シューベルト曲のすべてが「悲しい曲」

四〇年近くクラシック音楽を聴いている私には、好きな作曲家が何十人といます。その中で私にとって「神」と言える作曲家はバッハ、モーツァルト、ベートーヴェン、それにヴァーグナーです。この四人がいかに偉大かを語らせたら、何時間でも喋《しゃべ》り続ける自信があります。

若い頃は、家に遊びに来た友人たちにレコードを次から次へとかけながら、その素晴らしさを夜を徹して語りました。最初は友人たちも我慢して聞いていますが、最後は「もう勘弁してくれ、寝かせてくれ」と懇願するのが常《つね》でした。今思い返せば、彼らには本当に申し訳ないことをしたと思います。

そんな私が友人にも滅多《めった》に聴かせない大好きな作曲家がいます。それはフランツ・ペーター・シューベルト（一七九七―一八二八）です。

シューベルトはもしかしたら、私がもっとも好きな作曲家かもしれません。彼からはバッハのような偉大さは感じないし、モーツァルトのような天衣無縫《てんいむほう》さも感じません。またベートーヴェンを聴いた時のような尊敬の念も起こさせないし、ヴァーグナーの曲のようにその桁外《けたはず》れの情念に圧倒されもしません。

しかしシューベルトの音楽は、ただ私の心の底に静かに染《し》みわたるのです。そしてたまらなく切なく悲しい気持ちにさせます。もちろん、そんな音楽は他にもあります。しかしシューベルトの場合、すべての曲がそういう気持ちにさせるのです。例外はほとんどありません。彼は「悲しくない音楽なんて知らない」と言ったと言われていますが、私はあえてこう言いたい。「シューベルトの音楽で、悲しくない曲なんて知らない」と。

私は他人から「ベートーヴェンは好きではない」と言われても別に腹も立てませんが、「シューベルトのどこがいいのだ」と言われたら、そいつとは友人にはなりたくありません。

シューベルトは一七九七年にヴィーンで生まれました。モーツァルトが亡くなって六年目です。ちなみに同じヴィーンで活躍したベートーヴェンはこの時、二六歳です。

クラシック音楽の作曲家のほとんどは幼少期に徹底した英才教育を受けていますが（モーツァルトとベートーヴェンはあまりにも有名）、シューベルトが受けた音楽教育は平凡なものでした。音楽が好きでしたが、生活のために一七歳で小学校の補助教師になります。しかしどうしても音楽の道をあきらめきれず、二一歳の時に教師を辞《や》めます。

これ以後、彼は作曲に打ち込むことになりますが、当時音楽の都《みやこ》であったヴィーンで、無名のシューベルトが注目されることはありませんでした。それは彼がピアノを上手く演奏できなかったことも理由の一つです。その頃のヴィーンで作曲家として名を成《な》すためには、まず優《すぐ》れた演奏家でなければ難しかったのです（モーツァルトとベートーヴェンも当代随一の演奏家として知られていた）。

定職のないシューベルトは五線譜さえも買えないほど貧しい若者でした。しかし彼には素晴らしい友が沢山《たくさん》いました。友人たちはシューベルトの人間性と音楽を愛し、さまざまな形で援助しました。ある者は部屋を貸し、ある者は五線譜を買い、ある者は食べ物を提供しました。友人たちは金持ちでもなければ貴族でもありません、シューベルトと同じように貧乏な若者たちでした。そんな彼らが才能ある友のために、何かできることはないかと懸命に援助の手を差し伸べたのです。そんな集まりはやがて「シューベルティアーデ」と呼ばれるものになり、シューベルトを囲んで、彼の新作を楽しむ会となりました。シューベルトはそんな環境で、次々と名曲を生み出しました。彼は「インクの染みができなかった」と言われるほどの速筆で、誰かが机の上に置いてあった詩集をちらっと見ると、たちどころに音楽をつけたと言います。

シューベルトは背が低く、やや肥満体で、かなりの近眼でした。何日も風呂に入らず、服はいつも汚《よご》れていました。内気ではにかみ屋で、女性にはまるでもてませんでした。頭の中には音楽しかなく、一日中、作曲にいそしんでいました。レストランで友人がメニューの裏に書いた五線譜の上に作曲したというエピソードも残っています。そして生涯独身のまま、一〇〇〇曲近い曲を残し、貧困の中で三一歳の若さで世を去ります。彼が心から尊敬するベートーヴェンの死の翌年でした。シューベルトの名が広く知られるようになったのは、死後何年も経《た》ってからです。

優しさだけではない、悪魔的な一面も

本項では、彼が一八歳の時に作った大傑作の歌曲「魔王」を紹介しましょう。この曲は日本では非常によく知られています。なぜなら小学校の音楽の授業で聴かされる定番曲の一つにもなっているからです。最近の子供たちはこの曲の日本語バージョンを聴くと、芝居がかった歌詞に笑い出すという話も聞きます。しかしこの曲を聴いて笑うという感受性は、私には信じられません。本当に音楽を聴く耳と心があったならば、とても笑える曲ではないからです。

「魔王」は文豪ゲーテの詩に音楽をつけたものです（ピアノ伴奏）。物語は嵐の夜、病気で苦しむ幼《おさな》い息子を抱えて父が馬を走らせる情景から始まります。熱に浮かされた子供は暗闇の中に魔王の姿を見ます。魔王は優しい声で子供を死の世界へと誘《いざな》います。恐怖で怯《おび》える子供に向かって、父は「魔王などいない」と言って馬を走らせます。しかし家に辿《たど》り着いた時、子供は父の胸の中で息を引き取っていた——という内容です。

音楽は叩きつけるようなピアノで始まります。不気味で激しい短調の三連音符は、嵐の夜に疾駆する馬の蹄《ひづめ》の音で、全曲を通じて止《や》むことはありません。そして一人の歌手

が、「語り手」「父」「子供」「魔王」の四つの役を歌います。音楽は役によって劇的に変化します。静かな抑えたトーンでありながら悲劇性を予感させる「語り手」の歌、そして力強い長調の「父」、悲痛な短調の「子供」、そして優しい声で歌われる「魔王」、これらの四つの歌が交錯し、激しく転調《てんちょう》と移調《いちょう》が繰り返され、聴き手の魂を揺さぶります。わずか数分の曲の中に凄まじいドラマが内包されています。

聴く者をもっともぞっとさせるのは、「私と一緒においで。綺麗な花もあるし、黄金の衣装もあるよ」と歌う魔王の、これ以上はないと思えるほどの甘美なとろけるような歌声です。しかし魔王は最後の一瞬に恐ろしい顔を見せます。最後の歌詞「Gewalt（力ずくで）」の恐ろしい響きは、それまでの甘さを吹き飛ばします。

一般にシューベルトの音楽は優しい音楽と思われています。その認識は間違っていませんが、それは彼の一面しか捉えていません。彼の中には実は凄まじい「デーモン（悪魔的なもの）」が潜《ひそ》んでいるのです。シューベルトの曲にはそれがしばしば顔を出す瞬間があります。有名な「交響曲第七番《未完成》」しかり、「弦楽四重奏曲第一四番《死と乙女》」しかり、「ピアノソナタ第一九〜二一番《遺作》」しかりです。

美しい花園にいたと思っていたのに、はっと気づいたら、そこは死の世界だった、と思うような一瞬がシューベルトの音楽にはあります。それはまるで優しかった魔王が恐ろしい顔を見せる瞬間に似ています。だから、「魔王」にはシューベルトのすべてが入っていると言っても過言ではありません。ちなみにこの曲はシューベルトが作った曲の中ではじめて出版されたもので、作品番号1（D328）がつけられています（それ以前に三〇〇曲以上の作曲がある）。なおD（ドイッチュ番号）はシューベルト作品につけられている番号です。

私が凄いと思うのは、「魔王」が五〇年後のヴァーグナーの音楽を先取りしていると思われるところです。ヴァーグナーはそれまで誰も書かなかった先進的な音楽を書いたクラシック音楽界の革命児です。

彼の傑作「ヴァルキューレ」第二幕で、戦場の死の使いであるブリュンヒルデがジークムントに死を告げに来るシーンがあります。ブリュンヒルデは、ジークムントが死んで神々の城で英雄となることの素晴らしさを朗々と歌いますが、これが甘くとろけるような旋律なのです。それに対して、愛する女性を残して死ぬことの苦悩を訴えるジークムントの歌は悲痛なる響きを持っています。「死」をテーマにしたドラマの緊迫感、甘い長調と悲痛なる短調が交互に繰り返される構造、このシーンはまさに「魔王」そのものです。

一八人の有名歌手が勢揃いした一枚

「魔王」はこれまで多くの名歌手がレコーディングしています。もともとはバリトン（男性の中間の声）のために作られた曲ですが、テノール（男性の高い声）歌手が録音しているケースもあれば、女性歌手も積極的に録音しています。もちろんその場合はキー（調性）を変えています。一般にクラシック音楽の場合は、原曲の調性を変えて演奏することはありませんが、なぜか歌曲に関してはキーの変更は普通に行なわれています。

数ある「魔王」の録音の中で「上手い！」としか言いようがないのは、ディートリヒ・フィッシャー＝ディースカウの歌唱です。戦後のドイツが生んだ不世出の名歌手フィッシャー＝ディースカウの技巧は完璧と言えるほどで、「語り手」「父」「子供」「魔王」の四つの役を見事に歌い分けています。この上なくドラマティックで、真に迫ってきます。ドイツ語が理解できなくても、その役柄が完璧に理解できます。

他にも名演奏は数多くありますが、ソプラノ（女性の高い声）のエリーザベト・シュヴァルツコップの録音は異様に劇的です。彼女もまたドイツが生んだ名歌手ですが、彼女が歌う魔王の優しさと甘い囁《ささや》きは不気味さの極致《きょくち》です。しかし最後に「Gewalt」と叫ぶ時の恐ろしさは、どの歌手からも味わえない迫力に満ちています。全体に演出過剰と言えなくもありませんが、ここまでやってくれればむしろ天晴《あっぱ》れと言いたくなります。

最後に「魔王」ファンにはたまらないCDを紹介しましょう。何と一八人の名歌手が歌っているCDがあります。前記の二人ももちろん入っていますし、ロッテ・レーマン、フリーダ・ライダーといった伝説的なソプラノ歌手もいます。声もソプラノ、メゾソプラノ、アルト、テノール、バリトン、バスの六種類にまたがり、歌詞も原詩のドイツ語（一四曲）、フランス語（二曲）、英語（一曲）、日本語（一曲）と多岐にわたっています。これ一枚あれば、さまざまな「魔王」が聴き比べられます。また、歌手によって歌い方がまったく異なるのがわかるでしょう。その中の変わり種として、管弦楽伴奏にテノール、バス、ボーイソプラノの三人で歌ったものもあります。まさにお買い得の一枚です。

ショパン「一二の練習曲」

超絶技巧で味わってほしい、ショパンの最高傑作

練習曲ではない！

「光り輝く才能」という言葉が似合う作曲家の一人は、「ピアノの詩人」と呼ばれたフレデリック・フランソワ・ショパン（一八一〇―四九。生年は一八〇九年説もあり）でしょう。世の女性たちにクラシック音楽作曲家の人気アンケートを取れば、ショパンは一、二位を争うでしょう。

天才ピアニストと謳《うた》われながら、若くして不治の病である結核に罹患、フランスの天才女流作家ジョルジュ・サンドとの劇的な恋と悲しい別れ、最期《さいご》は祖国ポーランドに帰ることを夢見ながら三九歳の生涯をパリで終える、という薄幸な人生もまた人気の秘密かもし

れません。

ショパンは生涯にわたってピアノを偏愛した音楽家で、彼の書いた曲のほとんどはピアノ曲です。しかもそのかなりを占めるのは独奏曲で、名曲の宝庫であると言えます。祖国ポーランドの民族舞曲であるマズルカ、甘いセンチメンタリズムに溢れたノクターン、《英雄ポロネーズ》とも呼ばれる「ポロネーズ第六番《英雄》」を含むポロネーズ、「ワルツ第六番《子犬のワルツ》」などのワルツほか、クラシックファンでなくても、耳にすれば聴き覚えがある曲ばかりです（「ポロネーズ」とはフランス語で「ポーランド風」の意であり、ポーランドの舞曲を指す）。どの曲も才能が煌めくものですが、彼の才能がもっとも眩《まばゆ》い形で表れたのは、「一二の練習曲」（作品［作品番号］10と作品25）ではないでしょうか。

練習曲と聞いて、多くの人は首を傾《かし》げるかもしれません。なぜショパンの曲を紹介するのに練習曲なのだと。いやいや、ちょっと待っていただきたい。「練習曲」というタイトルに騙《だま》されてはいけません。この曲はショパンが持てる演奏技巧と音楽性のすべてを注ぎ込んで作った、彼の最高傑作と呼ぶにふさわしい名曲なのです。そのタイトルのために、この曲はしばしば「ピアノの練習曲の中でももっとも難しい曲の一つ」と紹介されることもありますが、とんでもないことです。これは断じて練習曲などではありません。

ショパンの生きた時代は、クラシック音楽では「ロマン派」と呼ばれる時代です。ロマン派の作曲家たちは、形式に捉われない自由な曲作りをするという特徴を持っていました。ショパンと同い年のシューマンやリストはロマン主義によって詩的なイメージを膨《ふく》らませて作曲し、しばしば自分の曲に文学的な標題（「ラ・カンパネラ（鐘）」「トロイメライ（夢）」など）をつけました。

ところが、ショパンは自作曲にそうした標題はいっさいつけませんでした。《英雄ポロネーズ》も《子犬のワルツ》も後世の人が名づけたものです。ショパンはもしかしたら、曲のイメージを固定しかねない標題を嫌っていたのかもしれません。作品10と作品25というとてつもない傑作に、あえて「練習曲」と名づけたのは、彼独特の皮肉と韜晦《とうかい》が見える気がします。

いずれも第一二番が素晴らしい

作品10も作品25も、共に一二曲からなるピアノ曲集です。一曲はいずれも三分前後の小品で、二つの曲集を全部合わせると一時間ほどです。

作品10は、第一番から凄い世界が展開されます。左手が重いオクターブの和音を叩きつける中、右手が猛烈なスピードで鍵盤の上を駆け抜けます。単純と言えば単純な曲ですが、一流のピアニストによって弾かれると、めくるめくような快感に襲われます。

第二番もまた超難曲です。ピアノなど弾いたことのない人でも、この曲を聴けば、恐ろしいテクニックで弾かれているのがわかります。

第三番は有名な《別れの曲》です。この名称で呼ばれるのは実は日本だけで、ショパンを描いたフランス映画の邦題をつけられました。海外では《Tristesse（悲しみ）》と呼ばれています。ショパン自身が「自分の作った曲の中でもっとも悲しいメロディー」とのちに語ったほど、哀切きわまりない旋律です。

第四番はスーパーテクニックの見せどころの曲で、鍛え抜かれたクラシック音楽のピアニストが本気で速く弾いた演奏を聴けば、ロックやジャズのピアニストが唖然《あぜん》とするのは間違いありません。

第五番の《黒鍵》は右手で奏でる旋律が一音を除いて、すべて黒鍵で弾かれるという奇怪な曲です。ここにもショパンらしい遊び心が見えます。

こんなふうに一曲一曲解説していけば、とてもページ数は足りませんが、作品10の一二曲は、そのすべてが宝石のような名曲です。しかし最後にどうしてもこれだけは紹介を欠かせない名曲があります。曲集の掉尾《ちょうび》を飾る第一二番の《革命》です。この曲が作られたのは、ちょうどショパンが祖国ポーランドを離れてヴィーンからパリへ向かう途中でした。ショパンが祖国を旅立つ前、ポーランドの民衆は、長い間支配されていたロシアに対して戦いを挑《いど》んでいたのですが（十一月蜂起）、ショパンは旅の途中で、ポーランドの蜂起はロシアによって鎮圧されたという報を聞いたのです。その戦いにはショパンの友人たちも参加していました。

悲憤の涙を流したショパンが、その感情をぶつけるように一気に書いたのがこの曲だと言われています。曲全体は激しく悲劇的で、まるでポーランドの怒りと悲しみが乗り移ったかのようです。この曲を聴けば、誰しも革命に命をかけた戦いの光景が目に浮かぶでしょう。なお、この《革命》というサブタイトルは、ショパンと同世代のピアノの天才リスト（ショパンの一歳年下）が名づけました。これは見事なネーミングだと思います。

この《革命》を終曲として、作品10は幕を閉じます。ちなみにこの曲集はリストに捧げられています。

作品25は、作品10の四年後に出版されました。こちらの一二曲もどれも素晴らしいですが、特にラストの二曲、第一一番《木枯らし》、第一二番《大洋》が最高に素晴らしい。

特に《大洋》は《革命》に匹敵するほどの名曲です。

ポリーニの空前絶後の演奏

ところで、「一二の練習曲」はピアニストを選ぶ曲でもあります。『クラシックを読む1』で述べたように、私は基本的に「決定盤趣味」は持っていません。決定盤趣味とは、「この曲の演奏はこのCDに限る」とランクづけする嗜好《しこう》のことです。クラシック音楽の出版社はよく評論家を集めたアンケートでランキングを作成して本にします。有名な評論家の中には、決定盤を決めることをライフワークにしているかのような人もいます。同曲異演の聴き比べはクラシックマニアの楽しみの一つでもありますが、同時に危険な罠《わな》でもあります。いろいろと聴き比べて「この演奏が最高だ」と思い込むのはいいのですが、下手をすると「これ以外の演奏は認めない」という狭い考えに陥《おちい》ってしまうからです。

私も若い頃は理想的な演奏を求めて何枚も聴き比べました。複数の演奏を何度も聴き比べ、どちらが優れた演奏なのかを真剣に考えたりもしました。しかし年を経《へ》て「名曲は誰が演奏しても名曲」という境地に達しました。少なくともレコード会社がCDに録音しようというだけの演奏家なら、何を聴いてもそれほど大きな違いがあるわけではありません。

しかしショパンの「一二の練習曲」だけは、ちょっと様子が違います。これはスーパークラスのテクニックを持ったピアニストの演奏でなければ、その凄みと深さの真価は味わえません。同じショパンでもワルツやノクターンなら、テクニックはさほどのピアニストでなくとも（といっても、プロのピアニストは皆一流のテクニックを持っているのだが）、抒情性やロマンチシズムで聴かせることができます。マズルカやポロネーズも音楽性やリズム感に優れた名演奏はありますす。しかし「一二の練習曲」だけは超絶技巧で弾かれた演奏とそうでない演奏は、比べものになりません。

私が最右翼にお薦めするのがマウリツィオ・ポリーニの演奏です。ショパンの祖国ポーランドの首都ワルシャワで五年に一度開かれる世界最高峰のピアノコンクール、ショパン国際ピアノコンクールにおいて、一九六〇年に史上最年少の一八歳で優勝し、八〇歳に迫る今も第一線で活躍するピアニストです。その時の審査員長アルトゥーロ・ルービンシュタイン（ショパン弾きとして有名な大家）をして「私を含めて、ここにいる審査員の中に、この少年よりも上手くピアノを弾ける者は誰もいない」と言わしめたほど、そのテクニックは完璧無類でした。

一躍スターダムに躍り出たポリーニですが、ショパンのレコードを一枚録音しただけで、第一線から退《しりぞ》いてしまいました。その理由は「もっと素晴らしい演奏家になりたいので、音楽を勉強したい」というものでした。こうしてポリーニは楽壇の表舞台から去りました。

一〇年の時が流れ、クラシック音楽のピアノ界でも次々に新しいスターが誕生し、彼は完全に忘れられた存在になりました。ところが一九七一年にポリーニは突如、超難曲として知られるストラヴィンスキーの「ペトルーシュカ」のレコードで再デビューを果たしました。驚異的なテクニックで弾かれたこのレコードは、世界のクラシックファンを驚愕させました。そしてポリーニが次に世に問うたのが、ショパンの「一二の練習曲」でした。

この演奏はもう神がかっていると言っても過言ではありません。作品10の第一番の右手のアルペジオ（分散和音）は煌めくような演奏で、まるで音が光を放っているようにさえ思えます。

彼の凄さは単に速いだけではありません。速いだけならもっと速いピアニストはいます。ポリーニの場合はすべてが完璧なのです。どれほど超スピードで弾いても粗《あら》さはいっさいありません。すべての音がまるで計ったように揃えられています。しかもどこまでも澄《す》み切った透明感のある音なのです。まさしく空前絶後の演奏です。

このレコードが発売された時、帯に「これ以上何をお望みですか？」というコピーが書かれてありましたが、その言葉がまったく大袈裟《おおげさ》ではない演奏でした。レコード盤は針を通すたびに盤が削《けず》られ、厳密に言えば音が劣化します。私はこのレコードの素晴らしい音が僅《わず》かでも劣化するのが惜しくて、特別の時にしか聴かなかったほどです。それくらい輝かしい音でした。

ポリーニの演奏のあまりの完璧ぶりに、一部の音楽評論家たちは「機械のようだ」「冷たい」「音楽性が感じられない」などと非難しましたが、笑止と言わざるを得ません。日本の評論家は、巨匠と呼ばれる大家が音が揃わなかったり、和音が乱れたり、テンポが揺れたりする演奏を、「芸」とか「味わい」とか言って尊《とうと》ぶ癖がありますが、おそらく「わび、さび」と勘違いしているのでしょう。

この演奏の欠点をあえて挙げるとすれば、あまりにも聴き手に集中力を要求するために、のんびりした気分では聴けないところです。全曲を聴き終えたあとは軽い疲労感さえ覚えるほどです。

二一世紀になって、ポリーニがショパン国際ピアノコンクール優勝直後に録音した「一二の練習曲」全曲ＣＤが発売されました。なぜか半世紀以上世に出なかった幻《まぼろし》の録音ですが、これも凄まじい演奏です。

ポリーニに並ぶ名盤と言われているのがヴラディーミル・アシュケナージで、このＣＤも最高級の演奏です。テクニック的にはポリーニのほうがやや上ですが、アシュケナージの演奏にはポリーニにはない温《あたた》かみがあります。

他の演奏では、エリソ・ヴィルサラーゼ、マレイ・ペライア、スタニスラフ・ブーニンなど魅力的なＣＤはいくつもありますが、私個人はショパンの「一二の練習曲」のＣＤに限って言えば、ポリーニとアシュケナージさえあれば十分です。

ベートーヴェン「交響曲第七番」

ロック好きが喜ぶ、現代的な曲

聴衆は歓迎、音楽家は酷評

ベートーヴェン（一七七〇―一八二七）が素晴らしい才能の持ち主であることは今さら言うまでもないことですが、一般的には「努力の人」と見られているところがあります。ベートーヴェンの凄さはとてつもない才能の上に驚異的な努力を積み上げたところにあります。彼が作曲した曲のほとんども、常人には想像もつかない彫琢《ちょうたく》がなされています。

そんなベートーヴェンですが、中には才能の赴くままに一気呵成に仕上げたのではないかと思われる曲もあります。「交響曲第七番」はまさにそうした曲ではないかと思います。

ベートーヴェンは三十代前半から四十代前半にかけては、過酷な運命と格闘するような傑作を書いています。あるいはその対極として、魂を慰撫《いぶ》するような曲も少なくありません。

しかし「交響曲第七番」はそうした精神性を前面に打ち出してはいません。むしろ音楽の喜びをストレートに描いているように思えます。あえて言えば、音による美と快感を追求したような曲に聴こえます。そして凄まじいパワーを持っています。

特徴的なのは、全楽章にわたって軽快なリズムが支配していることです。リズムを中心とした曲はジャズやロックに多いですが、一九世紀のクラシック音楽の世界では珍しい。もちろんワルツ、メヌエット（三拍子の舞曲）、スケルツォ（三拍子の諧謔曲《かいぎゃくきょく》）、ポロネーズなど、リズムが中心になった曲はありますが、それらはいずれも舞曲であって、長大な交響曲全体においてリズムに重点を置いて作られた曲は滅多にありません。ベートーヴェン自身もそれまでそうした曲は書いていません。

ところがなぜか突然に、ベートーヴェンは現代的とも言えるリズム中心の交響曲を書きました。その意味では「交響曲第七番」は非常に前衛的かつ現代的な曲と言えます。ある意味、現代のハードロック以上のパワーとスピード感を持っています。近年、人気テレビドラマ『のだめカンタービレ』（二ノ宮知子《にのみやともこ》原作）やテレビＣＭなどで頻繁に使われるなど、クラシックファン以外の人にも人気が高いのは、そのせいかもしれません。

またこの曲は同じリズムで同じ音型が何度も繰り返され、聴く者を一種の酩酊《めいてい》状態にさせるような麻薬的な快感もあります。学生時代、家に遊びに来たロックが好きな友人にいろんな交響曲を聴かせたことがあります。交響曲は一度聴いたくらいで理解できるものではなく、その友人も退屈して聴いていましたが、「交響曲第七番」を聴かせると、一発で夢中になりました。そして「これはロックだ！」と叫びました。

実はこの曲は発表された当時も、ベートーヴェンの交響曲としては珍しく高い人気を持っていました。しかし音楽家たちからは酷評されました。オペラ「魔弾の射手」の作曲家として知られるカール・マリア・フォン・ヴェーバー（ベートーヴェンとほぼ同時代に活躍）はこの曲を聴いて、「ベートーヴェンは今や精神科病院行きだ」と語っていますし、同時代の有名なピアノ教師であったフリードリヒ・ヴィーク（シューマンの妻であり名女流ピアニストであるクララの父）は、「ベートーヴェンは酔っぱらって作曲したに違いない」と言っています。

そのいっぽうで、非常に高く評価した音楽家もいました。その代表はヴァーグナーで、彼はこの曲を「舞踏の神化（あるいは聖化）」と言っています。つまり、単なる舞踏音楽を聖なるものにまで高めたと評価したのです。私は、ヴァーグナーの代表作「ヴァルキューレ」の第三幕冒頭の「ヴァルキューレの騎行」の音楽はベートーヴェンの「交響曲第七番」の終楽章の影響を強く受けているように思えてなりません。

自らの才能への揺るぎない自信

ところがこれほど前衛的な作品であるのにもかかわらず、表面的な形式は古典的なスタイルに則《のっと》っています。

第一楽章は序奏つきのソナタ形式です。ベートーヴェンは「交響曲第五番《運命》」と「同第六番《田園》」で長い間、交響曲の慣習となっていた序奏を書きませんでしたが、「第七番」では長大な序奏を書いています。しかしこの序奏は単なる序奏では終わらないところがベートーヴェンです。うねるように繰り返し、あるいは寄せては返す波のように、音楽全体を盛り上げていきます。もはや序奏とは思えないほどの劇的な音楽になっています。

やがて「ターンタタ・ターンタタ」という主題が登場します。この独特のリズムを持ったメロディーは踊るような跳ねるような何とも奇妙な音楽です。そして楽章全体がこの主題とリズムに支配され、あらゆる楽器で繰り返し奏されます。はじめは単調にも聴こえますが、提示部から展開部に入る頃には、このリズムの魅力にどっぷりと浸《つ》かってしまいます。不思議な曲です。

　第二楽章の速度記号はアレグレット（やや速く）です。この曲もまた「ターンタッタ・ターター」という一定のリズムに乗って主題のメロディーが奏されます。その旋律の美しさは初演の時に聴衆に大いに気に入られ、第二楽章だけがアンコールされたという記録があります。前述のヴァーグナーはこの楽章を「不滅のアレグレット」と呼びました。そのメロディーは哀切きわまりなく、一度でも耳にすれば忘れられない魅力的なものです。

　ちなみにこの楽章は、かつてはアレグレットではなく、アダージョ（ゆるやかに）やアンダンテ（歩くような速さで）で演奏されることが少なくありませんでした。アダージョで演奏されると、楽章全体がまるで葬送行進曲のように聴こえますが、それがまた、たとえようもなく美しく響くのです。おそらく過去の多くの指揮者は、楽譜からその響きを読み取ったのだと思います。

　ところが近年はやたらと原典主義が重んじられ、作曲者自身の指示通りにアレグレットで演奏する指揮者がほとんどです。私はそれが間違っているとは言いませんが、ただ楽譜にそう書かれているからという理由だけで、機械的にアレグレットで演奏するのはどうだろうと思います。テンポというのは感覚のものなので、指揮者はもっと自分の感性に忠実になってもらいたいという気がします。余談ですが、ベートーヴェンの速度指定は全体的に速すぎる傾向があるのは事実です。特にメトロノーム記号は作曲者の指示通りだと演奏不可能なケースも多いのです。

第三楽章はスケルツォです。本来、交響曲の中のスケルツォ楽章は全体の雰囲気を変えるための舞曲的な存在ですが、交響曲第七番は全楽章が舞曲的なので、逆に全曲の統一感を高める効果を持っています。

第四楽章は全曲の白眉《はくび》です。「タンタタタン・タンタタタン」という歯切れのいいリズムがスピードに乗って演奏されます。ちなみにこのリズムは、アウフタクト（＝弱起：小節の一拍目以外から始まる部分）である二拍目にアクセントが置かれていて、これは現代のロック、ポップスにおけるドラムスの拍子の取り方と同じです。この曲が現代のロックファンにも人気が高いのはそのせいかもしれません。

提示部から展開部、そして再現部へ進んでいくと、音楽はどんどん熱を帯びていきます。それはまさしく「熱狂的」とも言えるもので、後半はほとんど荒れ狂う音楽になっています。コーダは音楽そのものが爆発するかのような凄まじい迫力を見せます。

この激しさは、同時代には「バッカスの饗宴」とも評されました。バッカスというのはローマ神話の中の「酒の神」です。つまり当時の聴衆には、「酒の神」が主催する、歌って踊る狂乱の楽章と受け取られていたのです。前述のフリードリヒ・ヴィークが「酔っぱらって作曲したに違いない」と言ったのも、この曲の本質を突いた言葉であったのかもしれません。

しかしここで私は言いたい。確かにこれは「酔っ払いの音楽かもしれない。しかしそれはベートーヴェンが自らの才能に酔ってのものである」と。そう、まさにこの曲は煌めく才能に身を任せて書かれた曲なのです。

この曲を書いた時、ベートーヴェンは四一歳でした。この頃、彼は全聾《ぜんろう》に近い状態だったと言われています。もはや彼には音楽しかありませんでした。そして、自分は偉大なる音楽を書くという使命感に燃えていました。芸術こそが自分を支える唯一のものと考えていたのです。

この曲を書いている時、ベートーヴェンは保養地テープリッツ（現在のチェコ北部）で文豪ゲーテと出会っています。一九世紀を代表する二人の巨人の邂逅《かいこう》は、しかし幸福なものとはなりませんでした。二人の仲がうまくいかなくなった決定的な出来事が散歩中に起こったからです。二人は道を歩いている時、たまたまオーストリア大公（皇太子）の一行と遭遇しました。ゲーテは帽子を取って最敬礼して一行を見送りましたが、ベートーヴェンは堂々と頭を上げて行列を横切り、逆に大公から挨拶《あいさつ》されました。

ゲーテがベートーヴェンの非礼を咎《とが》めると、彼は「皇太子はいくらでもいるが、ベートーヴェンはこの世にただ一人だ」と言って、ゲーテを呆《あき》れさせました。そしてベートーヴェンは、臣下のように遜《へりくだ》るゲーテの芸術家らしからぬ如才のなさを軽蔑したのです。不幸なことに、二人はお互いに不快な思いを抱いたまま、その後二度と会うことはありませんでした。もっともベートーヴェンのゲーテに対する尊敬の念は死ぬまで変わりませんでした。

このエピソードからは、ベートーヴェンが「自分は唯一無二の音楽家である」という強烈な自意識を持っていたことが窺《うかが》えます。また「偉大な芸術家は皇帝以上の存在である」という傲岸《ごうがん》たる思いを持っていたこともわかります。

「交響曲第七番」は、このゲーテとの邂逅があったテープリッツからヴィーンに戻った直後に完成しました。私はこの曲を聴くと、ベートーヴェンの「自らの才能と音楽が持つパワーを世界中に見せてやる！」という芸術家魂のようなものを感じます。そうとしか思えないエネルギーの塊《かたまり》のような曲なのです。

スピード感溢れる名演

「交響曲第七番」はよほどひどい演奏でない限り、どんなCDを聴いても感動しますが、あえていくつか名盤を挙げます。ヘルベルト・フォン・カラヤン指揮ベルリン・フィルハーモニー管弦楽団の演奏は何種類かありますが、いずれも名演です。カルロス・クライバー指揮ヴィーン・フィルハーモニー管弦楽団の演奏も最高とも言えるものですが、バイエルンでの実演（バイエルン国立管弦楽団）はそれを上回ります。

ヴィルヘルム・フルトヴェングラー指揮ベルリン・フィルハーモニー管弦楽団の第二次大戦中の実況録音はまさしく空前絶後の演奏ですが、録音は恐ろしく悪いものです。

古い指揮者だと、アルトゥーロ・トスカニーニ指揮NBC交響楽団、フリッツ・ライナー指揮シカゴ交響楽団、ジョージ・セル指揮クリーヴランド管弦楽団の演奏が素晴らしい。いずれも半世紀以上前の録音ながら、スピード感抜群で、むしろ現代的とも言えます。

オットー・クレンペラー指揮フィルハーモニア管弦楽団、ユージン・オーマンディ指揮フィラデルフィア管弦楽団の演奏は悠然としたもので、スケールの大きさを感じさせられます。

新しい録音だと、クリスティアン・ティーレマン指揮ヴィーン・フィルハーモニー管弦楽団、パーヴォ・ヤルヴィ指揮ドイツ・カンマーフィルハーモニー・ブレーメン、ギュンター・ヴァント指揮北ドイツ放送交響楽団の演奏が素晴らしい。

【間奏曲】リヒテルのテクニックは別次元

幻のピアニスト

『クラシックを読む2』で私の大好きな指揮者としてヴィルヘルム・フルトヴェングラーのことを書きましたが、ここでは大好きなピアニストについて語りたいと思います。

「二〇世紀はピアニストの時代だった」と言われるほど、素晴らしいピアニストが綺羅星《きらほし》のごとく生まれました。高名な作曲家でありながら同時にヴィルトオーソ（超一流の演奏家）としても有名だったセルゲイ・ラフマニノフ、世界ではじめてベートーヴェンのピアノソナタを全曲録音し、「ベートーヴェンを発明した男」とも呼ばれたアルトゥール・シュナーベル、圧倒的なテクニックで「鍵盤の獅子王」と呼ばれたヴィルヘルム・バックハウス、ウクライナ（帝政ロシア）生まれでアメリカに亡命して「ピアノの魔人」の異名を取ったウラディミール・ホロヴィッツなど、二〇世紀前半だけでも歴史に残るピアニストが続々と輩出しました。ここに挙げた以外にもフェルッチョ・ブゾーニ、ヨーゼフ・ホフマン、アルフレッド・コルトー、ヴァルター・ギーゼキング、ルドルフ・ゼルキンなど偉大なピアニストがいくらでもいます。

そして第二次世界大戦後はさらに素晴らしいピアニストたちが登場しました。ここにそうした名前を挙げていけば、ページが全部埋まってしまうので割愛させていただきますが、戦後ヨーロッパのピアニストの歴史を語るにはソ連のエミール・ギレリスの名前は欠かせません。

長い間、西側諸国はソ連のピアニストの演奏を聴くことがありませんでしたが、一九四七年にはじめて西側諸国で演奏を許されたのがギレリスでした。その演奏を聴いた人々は仰天しました。そこには、信じられないほどのレベルの高いテクニック、鋼《はがね》を思わせるタッチ、見事な音楽性、格調の高さが共存していたからです。

ソ連は、スポーツ選手はもちろんですが、音楽家もすべて国家が指導のもとに英才教育を施します。才能ある子供を幼い時から徹底的に鍛え上げるのです。ギレリスはそうしたシステムで育て上げられた完璧なピアニストでした。西側ヨーロッパの人々は彼を「鋼鉄のピアニスト」と呼び、ギレリスは一躍大スターになりました。ところがギレリスが謙虚に話す言葉を聞いて、人々はさらに驚きました。彼はこう語ったのです。

「私はソ連では二番目のピアニストなのです」

一番目のピアニストの名前は「スヴャトスラフ・リヒテル」（一九一五―九七）だという。当時は冷戦下で西側の人々は東側には入れなかったために、西側諸国の人々はリヒテルを聴くことはできませんでした。彼の演奏をたまたま聴くことができた政府関係者など一部の人たちが語る「とんでもない凄いピアノストだ」という噂だけが広まり、西側の音楽ファンはまだ見ぬ（聴かぬ）リヒテルを「幻のピアニスト」と呼びました。

一九五八年二月にブルガリアの首都ソフィアで行なわれたリヒテルのリサイタルの実況録音が西側で発売され、多くの人がレコードを通してリヒテルの真価の一部を知ることができました。この時に弾いたムソルグスキーの「展覧会の絵」は歴史的名演として今も評価が高い。また同じ年に第一回チャイコフスキー国際コンクールで優勝したヴァン・クライバーン（彼はこの優勝で世界的なスーパースターになった）が帰国後、モスクワ滞在中に聴いたリヒテルの演奏について、「生涯で聴いた中で、最高にパワフルな演奏だった」と語ったことにより、多くの人々の期待は弥《いや》が上《うえ》にも高まりました。

ついにヴェールを脱いだ！

そして二年後の一九六〇年、ついにリヒテルのアメリカでの演奏が実現したのです。

これはまさに音楽界の事件と呼べるほどのものでした。一〇年以上も「幻のピアニスト」と呼ばれていた現代の伝説がついにヴェールを脱いだのです。この時、リヒテルは四五歳でした。

リヒテルはニューヨークのカーネギー・ホールで一〇月一九日から三〇日にかけて五回のソロ・リサイタルを行なっていますが、驚くのは一度たりとも同じプログラムがないということです。曲目もハイドン、ベートーヴェンの古典派からシューベルト、ショパン、シューマンなどのロマン派、さらにドビュッシー、ラヴェルのフランス印象派、またラフマニノフ、プロコフィエフなどのロシア現代ものまでというレパートリーの広さに聴衆は啞然としました。

しかし何よりも聴衆の度肝《どぎも》を抜いたのは、凄まじいまでのパワーとテクニックです。この時のカーネギー・ホールの実況録音はすべて残っていますが、半世紀以上も前の音の良くない録音にもかかわらず、リヒテルの怪物ぶりがまざまざと伝わってきます。

圧倒的な迫力を持ったベートーヴェンの「ピアノソナタ第二三番《熱情（アパショナータ）》」、切れ味鋭《するど》くまた詩情たっぷりのショパン、幻想的なシューマン、幽玄とも言えるドビュッシーやラヴェル、そしてハンマーのような響きのプロコフィエフなど、これらの曲を同じピアニストが弾いているのかと思えるほどの幅広い芸を披露しています。

これ以降、リヒテルは西側諸国でも頻繁に演奏活動をするようになり、一九七〇年の初来日以来、日本にも何度も訪れています。私も何度か実演を聴きましたが、彼の弾いたドビュッシーとバッハは今も忘れられません。

処刑された父

リヒテルのテクニックは超絶的とも言えるものです。世界には素晴らしいテクニックを持ったピアニストはいくらでもいますが、私にはリヒテルのテクニックは別次元のように思えます。これはうまく説明できませんが、演奏中にリヒテルには何かが乗り移ったかと思うような瞬間があり、その時の演奏は人間が弾いているのではないような気がします。

百田尚樹はずいぶん大袈裟な言い方をする奴だと思われる読者もいるかもしれませんが、リヒテルの全盛期の実況録音をいくつか聴いてみれば、私の言っていることは嘘ではないことがわかるはずです。前述のカーネギー・ホールでの《アパショナータ》などはその典型です。まさにデーモンが降りてきたような演奏です。第三楽章のコーダで大きなミスタッチがありますが、そんなものはこの巨大な演奏の前では霞《かす》んでしまいます。同じカーネギー・ホールでのシューマンの「幻想曲」もとてつもない演奏です。曲の冒頭から、人間ではない何かがピアノを弾いていると思えるほどです。

ただ、リヒテルは奇妙なピアニストで、レコーディングのためにスタジオに入って演奏すると、その真価の何分の一しか発揮されないことがよくありました。またコンサートでも出来不出来が激しいと言われました。しかしいったん興が乗れば、というか演奏中に何かのスイッチが入った瞬間は、世界のどんなピアニストが束《たば》になってかかっても敵《かな》わない神がかった演奏をします。とにかくすべてが規格外のピアニストなのです。

いったいどうしてこのようなピアニストが生まれたのでしょうか。実は驚くべきことにリヒテルはほとんど独学でピアノを学んでいます。父はドイツ人でピアニストでしたが、息子にピアノを教えることはなかったと言います。リヒテルは一五歳でオデッサ歌劇場のコレペティィートル（練習用のピアニスト）になり、この時に多くのオペラ曲を初見で弾くことを経験しました。一九歳の時にオール・ショパン・プログラムのリサイタルを開いて成功を収めました。これが認められたのか、二二歳の時にモスクワ音楽院に入学が許されます。

普通、音楽院に入るのは十代前半です。前記のギレリスは一四歳でオデッサ音楽院に入学、一七歳で全ソ連ピアノコンクールに優勝しています。これを見てもリヒテルの二二歳の音楽院入学がいかに遅いかがわかるでしょう。

リヒテルはここでギレリスも教えた名教師ゲンリフ・ネイガウスに師事します。しかしのちにネイガウスは「リヒテルには何も教えることはなかった」と語っています。彼はリヒテルを天才と認め、彼の荒削りとも言える欠点もあえて直そうとはしなかったと言います。もっともリヒテルはネイガウスからは多くのことを教わったと言っています。

リヒテルは三〇歳の時に全ソ連ピアノコンクールに優勝しています。普通なら順風満帆の演奏家生活が始まるところですが、リヒテルの場合はそうはなりませんでした。というのは、彼の父は国家によって処刑されていたからです。

当時はスターリンによる粛清の嵐が吹き荒れ、一説には七〇〇万人以上の人が犠牲になったと言われています。そのほとんどが何の罪もない人々でした。リヒテルの父はドイツ人だったため、何らかの罪をでっちあげられた可能性があります（当時のソ連ではこうしたことは珍しくなかった）。「国家の敵」を父に持つということで、リヒテルの演奏活動は制約されることになりました。西側への演奏旅行が長い間許されなかったのはそのためです。リヒテルの人間性には謎が多いと言われていますが、もしかしたらそうした不幸な半生があったせいかもしれません。

『クラシックを読む2』のフルトヴェングラーのところでも書きましたが、一九世紀後半から二〇世紀はじめに生まれたヨーロッパの音楽家のほとんどは、戦争や政治の嵐に巻き込まれています。迫害を受けたり、祖国を失ったり、亡命を余儀なくさせられた音楽家は夥《おびただ》しい数に上ります。戦争や国家によって家族を失った演奏家はリヒテルだけではありません。本当に悲劇的な時代であったと言わざるを得ません。しかし彼らはそんな時代にあっても、不幸に耐えて素晴らしい演奏を残してくれました。いや、もしかしたらそうした時代だからこそ、一期一会《いちごいちえ》の素晴らしい演奏をなし得たのかもしれません。

バッハの美しさと深さを表現した名盤

リヒテルの残した録音は夥しいものがありますが、その中には「人類の至宝」と呼んでも言いくらいの演奏がいくつもあります。バッハの「平均律クラヴィーア曲集」はスタジオ録音ですが、バッハの音楽からこれほどの美しさと深さを表現した演奏は他にありません。晩年に弾いた「フランス組曲」や「イギリス組曲」も素晴らしい。

ベートーヴェンのソナタは全曲を弾いてはいませんが、残された録音はどれも超一流の演奏です。《アパショナータ》は何種類かありますが、一九六〇年にモスクワ音楽院で弾いたライブ録音が圧巻です。後期のソナタの録音も何種類もありますが、そのどれもが最高とも言えるものです。もちろん初期や中期のソナタも素晴らしい。また変奏曲も得意としていて、「ディアベリ変奏曲」「エロイカ変奏曲」「トルコ行進曲の主題による六つの変奏曲」などは他の演奏家を寄せつけない凄味があります。

シューベルトのソナタもリヒテルが愛したレパートリーで、残された録音からは極上のシューベルトが聴けます。特に《遺作》と呼ばれる「ピアノソナタ第二一番 変ロ長調（D960）」は、神が弾いているのかと思えるほどの高みに達しています。

ショパンとシューマンは得意中の得意で、多くの録音が評論家たちによって

「決定盤」に挙げられています。ドビュッシーやラヴェルのフランス音楽にも多くの名演が残されています。チャイコフスキー、ラフマニノフ、ムソルグスキー、プロコフィエフなどのロシア音楽はまさしく自家薬籠中《じかやくろうちゅう》の物で、他の演奏家の追随を許さないものがあります。

第二章

運命に抗う

クラシック音楽にはオペラと歌曲は別にして、基本的に歌詞はありません。つまり純粋器楽曲《きがくきょく》では、具体的なドラマを表現することはできません。しかしクラシック音楽の天才たちは時として、音だけで文学以上に劇的な物語を描くことができるのです。

そこには楽器の音しか鳴っていないにもかかわらず、まるで言葉によるドラマのように物語が表現されているのです。それこそ音楽の持つ不思議な力です。

この章では、苛酷な運命と抗うドラマを音によって描いた八曲を紹介しましょう。

ベートーヴェン「交響曲第五番《運命》」

文学は音楽に敵わない！　偉大なる文化遺産

過酷な運命に立ち向かう

数多《あまた》あるクラシック音楽の中でもっとも人口に膾炙した曲と言えば、ベートーヴェン（一七七〇―一八二七）の「交響曲第五番」ではないでしょうか。冒頭の「ダダダダーン」（「運命動機」と呼ばれる）のメロディーを知らない者はいないでしょう。これぞ「交響曲中の交響曲」、言うなれば「ザ・クラシック」です。

ただ、あまりに有名なことから、この曲ほど古くからさまざまなパロディーに使われた曲もありません。冒頭の「ダダダダーン」は今やほとんどギャグになっています。しかしどれほど茶化されようと、この曲の偉大さは微塵《みじん》も揺るぎません。単に名曲と呼ぶようなレベルではありません。とてつもない傑作で、クラシック音楽界のみならず、すべての音楽の中の金字塔ともなっている不滅の名曲です。まさに完全無欠、天衣無縫——と、「交響曲第五番」の素晴らしさを謳い上げる言葉ならいくらでも費《つい》やすことができますが、それでは読者が退屈するので、このあたりでやめておきます。

この曲は《運命》と呼ばれることが多いですが、これは作曲者が名づけたものではなく、実は日本だけの名称です。しかしこの名称は素晴らしいタイトルであると思います。なぜなら、まさに「運命」と格闘するドラマが描かれているからです。

冒頭の「ダダダダーン」の音について、ベートーヴェンは「運命はこのように扉を叩く」と言ったという有名な話が、自称秘書アントン・シンドラーによって伝えられています。もっとも私はこのエピソードはシンドラーの創作ではないかと疑っています。もし本当だとしたら、ベートーヴェン独特の冗談を真《ま》に受けたのだろうと思います。

彼は後世のロマン派の作曲家たちとは違い、「扉の音」のようなものを具体的に表現しようとする人ではありませんでした。ベートーヴェンは音楽によって物語や情景を描く「標題音楽」を書く人ではなく、純粋に音楽だけの芸術を追求する「絶対音楽」の作曲家でした。しかし矛盾《むじゅん》することを言うようですが、私はこの「運命が扉を叩く」云々《うんぬん》の話を気に入っています。音楽がそのように聴こえるからです。

本来、歌詞のない純粋器楽の音楽は聴く者の感情に強く訴えかけることができても、文学的なメッセージを与えることは非常に難しい。しかしベートーヴェンは、音楽の力でそれを可能ならしめることを証明しました。もちろん文字で書かれたものではありませんから、具体的な物語を描くことはできません。しかし彼は物語の深い根源的なイメージを聴く者の心に喚起させることに成功したのです。

ベートーヴェンの音楽には優れたドラマが内包され、全体を通して弁証法的発展があります。「弁証法」とは、「互いに相反するものがぶつかり、より高い次元に昇華する」ことを意味する哲学用語ですが、何とベートーヴェンは音楽の世界の中でそれを行なったのです。雄々《おお》しく力強い第一主題、そしてそれを打ち消すかのような第二主題、その二つが互いにぶつかり合って進行しながら、やがて全体が劇的な変容を遂げます。

《運命》は、そんな弁証法的ドラマを極限まで追求した曲です。また四つの楽章は有機的に結びつき、それぞれが「起・承・転・結」をなして一つのドラマを構成しています。それは過酷な運命に翻弄されながらも不屈の闘志で立ち向かう男の姿です。この男とはベートーヴェン自身にほかなりません。

第一楽章は、突如訪れる悲劇の運命です。ベートーヴェンは懸命に立ち向かいますが、嵐のように襲いかかる運命の前に打ち倒されます。もっともこれらのイメージはあくまで私の主観にすぎません。ベートーヴェン自身はこの曲に関して自作解説をいっさいしていません。

第二楽章は束《つか》の間《ま》の平安です。傷ついた彼を癒《いや》すかのような安らぎに満ちた音楽が流れます。しかしその安らぎの中にも悲劇が静かに忍び寄ってきます。ここでは冒頭の運命動機「ダダダダーン」が形を変えて不気味な形で鳴っています。

第三楽章では再び暗い運命がやってきます。運命動機は第一楽章のように激しくはありませんが、不幸な人間をあざ笑うかのようなメロディーです。シューマンが子供の頃、演奏会でこの楽章を聴いた時、「とても怖い」と訴えたのは有名です。曲が進むにつれて不気味さと恐怖はいや増していきます。やがて重い雲が天を覆うように、すべてが暗黒の世界へと変わっていきます。

そして、ここでベートーヴェンは凄いことをやってのけます。世界が暗黒に変わったと思ったまさにその時——天を覆っていた黒い雲が大きく裂《さ》けて、眩い光が世界を照らすのです。

この効果の素晴らしさと言ったらありません。どんな優れた劇作家や小説家でも書きえないほどの劇的なシーンであり、「文学は音楽に敵わない」と思わされる瞬間です。具体的に言うと第三楽章から切れ目なしに第四楽章に突入するのですが、第三楽章のラストの不気味に引き延ばされたハ短調の和音が突然、輝かしいハ長調に転ずるのです。この部分を聴いて心を動かされない人はクラシック音楽、いや音楽そのものに無縁の人と言ってもいいでしょう。

第四楽章は勝利の音楽です。耐えに耐えた苦しみから解放され、暗い運命を叩きのめします。曲の終盤に運命はもう一度襲いかかりますが、ベートーヴェンはそれにとどめをさします。そして輝かしい勝利の雄叫《おたけ》びをもって、全曲は幕を閉じます。

生きる勇気と希望をもらえる

《運命》で描かれているのは、「闘争」であり「不屈の精神」です。ベートーヴェンは音楽家としてもっとも大切な聴覚を失いました。その絶望の深さは想像もできません。しかし彼は人生をあきらめませんでした。自らに襲いかかった「運命」に対して敢然と戦うことを決意し、貧困と孤独の中で、人類の偉大な文化遺産とも呼ぶべき傑作を多く書き上げました。そう、ベートーヴェンは「運命」に打ち勝ったのです。

《運命》はそんなベートーヴェンの生涯を象徴した曲と言えます。この曲はベートーヴェンが三七歳の時に書かれました。文豪ロマン・ロランが「傑作の森」と呼んだ中期の名作群の中でも、ひときわ高く聳《そび》える巨木です。《運命》は単に優れた音楽という次元を超え、エジプトの大ピラミッドや中国の万里の長城に匹敵するほどの人類の偉大な文化遺産であると私は断言します。

余談ですが、ベートーヴェン以後の作曲家の多くが、彼に倣い、五番目の交響曲を作る時は特に力を入れました。ブルックナー、チャイコフスキー、マーラー、ショスタコーヴィチなど、いずれも「第五番」は代表作と言えるほどの傑作です。マーラーなどは、冒頭に「ダダダダーン」というモティーフまで使っています。

この曲は私にとっても特別な曲です。若い頃、人生に悩み、仕事で悩み、恋に悩んだ時、幾度この曲を聴いて元気づけられたかわかりません。いや、私だけではないはずです。この曲を聴くことで、苦難を乗り越えた人は何人もいたに違いありません。ベートーヴェンが亡くなって二〇〇年近く経ちましたが、今も世界中の人が彼の音楽を聴き、勇気づけられ、人生の希望を与えられています。

こんなことを書くのは厚顔無恥《こうがんむち》の極致ですが、私は執筆に向かう時、この曲のような作品を書きたいと思っています。私自身が《運命》を聴いて、「生きる勇気」と「生きる喜び」を得たように、私の作品を読んだ読者にも同じものを感じてもらいたいと願っています。ベートーヴェンのような巨人と、自分のような三文作家を同列に並べる気は毛頭ありませんが、彼こそは私の永遠の目標です。

フルトヴェングラーの絶対的名盤

私の持論に、「真の名曲は誰が演奏してもいい」があります。しかし《運命》に関しては、あえて逆説的な言い方をしたい。「これほどまでの名曲だからこそ、最高の演奏で聴きたい！」と。

絶対的な名盤として挙げたいのは、ヴィルヘルム・フルトヴェングラー指揮ベルリン・フィルハーモニー管弦楽団の演奏（一九四七年）です。第二次世界大戦中、最後までドイツにとどまった彼は戦後、連合軍から「ナチスに加担した」とされて音楽界から追放されましたが、一年にわたる裁判で無罪を勝ち取りました。そして二年ぶりにベルリンの聴衆の前で演奏会を行なったのですが、この時の演奏会の録音がここに挙げるものです。半世紀以上も前の貧弱なモノラル録音で、しかもミスも雑音も多いライブ演奏にもかかわらず、演奏は「最高！」の一語。指揮者にベートーヴェンが乗り移ったかのようにさえ思える見事なもので、これほどの《運命》は滅多に聴けるものではありません。

実はフルトヴェングラーにはもう一つ、さらに強烈な演奏があります。それは戦争中にラジオ放送用に演奏されたものです（聴衆なしのライブ録音）。『クラシックを読む2』でも書いた通り、この録音（磁気ワイヤー）はベルリン陥落後、ソ連軍に奪われて、長い間行方不明でしたが、一九六〇年代半ばに「鉄のカーテン」時代のソ連邦内でレコード化されていたことを西側諸国に知られました。当時、西側諸国ではフルトヴェングラーの大戦中のライブ録音はほとんどその存在が知られておらず（彼は一九五四年に死去）、この《運命》を耳にした人たちは度肝を抜かれました。これまで誰も聴いたことのない凄絶な演奏だったからです。戦争によって崩壊していくドイツにとどまり、ひたすらベートーヴェンの真髄を追求するフルトヴェングラーの鬼気迫る演奏は、聴いていて肌に粟《あわ》が生じるほどです。

彼は最晩年にヴィーン・フィルハーモニー管弦楽団でスタジオ録音を残していますが、こちらは気宇壮大な素晴らしい演奏で、これも名盤です。

《運命》には他にも痺《しび》れるほどの名盤が多い。アルトゥーロ・トスカニーニ指揮NBC交響楽団、フリッツ・ライナー指揮シカゴ交響楽団の演奏は、いずれもいっさいの贅肉《ぜいにく》を削《そ》ぎ落とした究極の演奏と言ってもいい。甘さはありませんが、真実を追求した厳しい演奏です。

カルロス・クライバー指揮ヴィーン・フィルハーモニー管弦楽団の演奏はエネルギーの塊です。「燃え上がる演奏」という表現がこれほどぴったりくる演奏もありません。「天才」と呼ばれたクライバーの壮年期のモニュメントです。

シューベルト「弦楽四重奏曲第一四番《死と乙女》」

死に魅入られた音楽家の、悲しくも激しい曲

「シューベルト＝甘く優しい音楽」は誤り!?

歌曲「魔王」のところで書きましたが、シューベルト（一七九七―一八二八）は一般には優しく甘いメロディーの曲を作る人というイメージがありますが、それはとんでもない誤解です。実は私自身も、十代の頃はそんな印象を持っていました。しかしクラシック音楽に興味を持ち始めた大学生の頃、「弦楽四重奏曲第一四番《死と乙女》」を聴いて、腰を抜かすくらいのショックを受けました。

何という恐ろしい曲！　何という激しい曲！　これほどの凄絶な曲はベートーヴェンでも聴いたことがありませんでした。私の中のシューベルトというイメージが音を立てて崩《くず》

れた瞬間でした。以来、私にとってシューベルトは特別な作曲家になりました。

確かにシューベルトには優しく甘い曲も多い。しかしよく聴けば、その裏には何とも言えない悲しみと暗さがあります。不思議なのは長調の中にも、それが潜んでいることです。そんなシューベルトが短調で書いた時の悲劇性は凄まじいものがあります。それは「デモーニッシュ（悪魔的）」と呼んでも間違いありません。

「弦楽四重奏曲第一四番《死と乙女》」はまさにそんな曲です。弦楽四重奏曲とは、四つの弦楽器で奏される曲です。普通、第一ヴァイオリン、第二ヴァイオリン、ヴィオラ、チェロの構成となり、四つの弦がそれぞれソプラノ、アルト、テノール、バスの四つの声部を受け持ち、最少の楽器でほぼ理想的なハーモニーを生み出します。

常に「死」を意識していた

シューベルトは約三〇曲の弦楽四重奏曲を書いていますが、その大半は未完であり、番号のついたものは全部で一五曲あります。《死と乙女》はその一四番目の曲で、彼が二七歳の時に書かれました。二七歳というと青年の音楽のように思えますが、三一歳で世を去ったシューベルトにとっては、人生の晩年に差しかかっていた頃です。しかし、作曲家として充実していた頃でもありました。曲は全部で四楽章、四〇分以上の大曲です。

第一楽章の冒頭から、凄まじい音楽が始まります。四つの弦楽器が一斉にフォルテ（強く）で二短調の不気味な主題を奏しますが、この主題はまさしく悲痛な「叫び」です。いや、デリケートな耳と心の持ち主なら、「絶叫」とも聴こえるかもしれません。たった四本の弦が奏でているとは思えないほどの迫力があります。大オーケストラもかくやと思わせるほどの凄まじさで、暴風のような音楽です。ちなみに二短調という調性は、ベートーヴェンの「交響曲第九番《合唱付》」、モーツァルトの絶筆「レクイエム」と同じで、暗く劇的な調性です。

心を掻《か》き乱すような激しい第一主題が終わると、さらに不安を掻き立てるような第二主題が奏されます。そしてその中にシューベルトらしい優美な旋律が時折顔を出しますが、全体的には激しい闘争の音楽です。シューベルトはほぼ同時代に生きたベートーヴェンを神のように尊敬し、彼のような音楽を目指していましたが、《死と乙女》の第一楽章の闘争は、ベートーヴェンが描いた勝利に向けての闘争ではありません。ただひたすら悲劇的な最後に向かっていく感じで、そこには勝利もなければ救いもありません。

この激しい第一楽章だけで圧倒されますが、全曲の白眉は第二楽章です。実は《死と乙女》というタイトルはこの第二楽章に由来します。「死と乙女」はもともとシューベルト自身が二〇歳の頃に書いた歌曲のタイトルです。彼は生涯に六〇〇曲以上の歌曲を書きましたが、のちに器楽曲を作曲する時、しばしばそのメロディーを転用しています。そして《死と乙女》の第二楽章に、歌曲「死と乙女」のピアノ伴奏部分を転用しました。ちなみにこの歌曲はマティアス・クラウディウスの「死と乙女」という詩にメロディーをつけたものです。それは死の床に就く乙女と死（死神）の会話です。その内容は次のようなものです。

乙女：
「あちらへ、ああ、あちらへ行って！
野蛮な死神よ！
私はまだ若い、だからあなたは立ち去って！
私に触れないで！」
死：
「美しくて繊細な姿をしたお前よ、手をお出し！

私はお前の友達で、いじめに来たのではない。
さあ機嫌を直しなさい！　私は乱暴ではない、
私の腕の中で穏やかに眠るがいい！」
（畑中良輔・小山由美編『ドイツ歌曲集1　原調版［改訂新版］』全音楽譜出版社）

こんな不気味で恐ろしい詩に曲をつけようと思ったシューベルトという人間は、よほど悲しみに魅入られた人だったに違いありません。歌曲「死と乙女」は非常に美しく、同時に深い悲しみに包まれた曲ですが、弦楽四重奏曲で奏でられると、一段と悲劇性を増すことになりました。

ところで、この「死と乙女」の会話が何かに似ているとは思わないでしょうか。そう、同じシューベルトの歌曲「魔王」です。魔王もまた、子供を死の世界に誘うように甘い優しい言葉をかけます。子供は恐怖で泣きますが、最後に力ずくで子供を死の世界へと連れていきます。

これは偶然なのでしょうか。私にはそうとは思えません。もしかしたら若い時から、自分は長く生きられないという予感があったのかもしれません。シューベルト自身がそんなふうに綴《つづ》った手紙や日記は残っていないし、彼がそう語ったという証言もありません。しかし私にはそう思えてなりません。なぜならシューベルトの音楽には常に「死」を連想させるようなものがあるからです。

ショパンの「ピアノソナタ第二番《葬送》」第三楽章の「葬送行進曲」を思わせる重く暗い主題（作曲年代はシューベルトが先）は、同時に胸が苦しくなるほど悲しくて美しい。この耽美的とも言える美しさはどう形容すべきでしょうか。まるで聴くものを魔法にかけるかのようです。そして主題が終わると変奏曲が始まりますが、音楽は一段と美しさを増します。同時にさらに悲劇性も高まります。そして第一変奏の後半、音楽は切なさの極致に到達します。この部分を聴いて、悲しみに襲われない人はいないでしょう。

ここには歌詞も何もないのに、「乙女」と「死」の恐ろしい会話が聞こえます。死を払い除《の》けようとする「乙女」の悲痛なる願いと、彼女を死の世界へ誘おうとする「死」の甘い囁きが、四つの弦楽器が奏でる音楽によって表わされます。もしかしたらこの乙女の言葉はシューベルト自身の願いであったのかもしれません。なぜならこの曲を作曲当時、彼はすでに健康を損ねていたからです。そして前述のように、この曲を作った四年後、貧困のうちに亡くなります。

第三楽章はスケルツォですが、ここでも安らぎはありません。なぜならこれまた短調だからです。音楽的にはシューベルトがしばしば書いたレントラー（四分の三拍子の舞曲）ですが、全体に暗く、舞曲の楽しさは皆無です。

そして驚くべきことに、続く最終楽章の第四楽章も短調なのです。交響曲、ソナタ合わせても全楽章を短調で押し通した曲は、モーツァルトやベートーヴェンにもありません（私の知るところでは、バッハの「ヴァイオリンとチェンバロのためのソナタ第五番」くらいしかない）。

終楽章は「タランテラ」という舞曲でできていますが、これは毒蜘蛛《どくぐも》（タランチュラ）に嚙《か》まれると、毒を抜くために踊り続けなければならないと言われていたことからその名がついた舞曲です。別の説では、毒の苦しみゆえに踊り狂って死ぬことから名づけられたとも言われています。

悪魔が笑っているような不気味な曲でベートーヴェンの有名な「ヴァイオリンソナタ第九番《クロイツェル》」（ヴァイオリンとピアノの二重奏曲）の終楽章にも非常によく似ています。ちなみにロシアの文豪トルストイは《クロイツェル》を聴いて強いインスピレーションを受け、嫉妬《しっと》と性欲に狂う男の狂気を描いた『クロイツェル・ソナタ』という小説を書いています。もしかしたらシューベルトもまた《クロイツェル》を聴き、そこに潜む暗い情念のようなものを嗅《か》ぎ取ったのかもしれません。

冒頭の「叫び」は悲痛のきわみ

アルバン・ベルク四重奏団の演奏が非常に劇的です。シューベルトのデモーニッシュな部分を引き出した名演奏です。イタリア弦楽四重奏団の演奏は鬼気迫るものがあります。第一楽章冒頭の「叫び」は悲痛のきわみで、聴く者に恐怖さえ感じさせます。エマーソン弦楽四重奏団、メロス四重奏団、ボロディン弦楽四重奏団の演奏もいい。モノラルですが、ヴィーン・コンツェルトハウス弦楽四重奏団の演奏は古き良き時代の味わいがあります。

ところで、この曲はグスタフ・マーラーが弦楽合奏版に編曲しています。管楽器と打楽器を除いたオーケストラで演奏される《死と乙女》は、いっそうの迫力と怖さを感じさせます。マルコ・ボーニ指揮アムステルダム・コンセルトヘボウ室内管弦楽団、ヴラディーミル・スピヴァコフ指揮モスクワ・ヴィルトゥオージの演奏も面白い。

ヴァーグナー「ヴァルキューレ」

音楽も物語も素晴らしい、麻薬的オペラ

音楽だけでなく、台本まで執筆

リヒャルト・ヴァーグナー（一八一三―八三）はクラシック音楽界の「突然変異」とでも呼びたいような不思議な作曲家です。若い時の習作を除いて、主要作品のすべてはオペラという特異さもさることながら、驚くのは、その台本も彼自身が書いていることです。

普通、オペラは台本作家がいて、作曲家はその台本に合わせて曲を書いていきます。音楽的な才能と文学的な才能はまったく異なるものだからですが、ヴァーグナーは何もかも一人でやりました。「シンガーソングライター」の走りのような存在と言えますが、現在のシンガーソングライターの多くが、作曲部分は単純なメロディーラインのみで、オーケストラパートはプロの編曲者が書いています。ところがヴァーグナーは何時間もかかる芝居の台本を書いた上で、重厚なオーケストラの総譜《そうふ》を一人で書きました。彼のように、文学史と音楽史の両方に名を残す作曲家はクラシック音楽の長い歴史の中で他には一人もいません。

彼の台本の文学性と精神性は今日でも非常に高く評価されており、ニーチェが若い頃(ヴァーグナーより三一歳年下)、ヴァーグナーの革命的な思想と芸術性に傾倒したのは有名です(彼の最初の著作『悲劇の誕生』のテーマはヴァーグナーである)。もっともニーチェはのちに彼の俗物性を嫌悪《けんお》し、最後は「ヴァーグナーは病気である」と吐《は》き捨ててはいますが。

当然のことですが、音楽家としてのヴァーグナーは文学以上に凄い。不協和音を大胆に駆使し、常識外れの対位法を用い、時にはほとんど無調《むちょう》(長調、短調などの調性がないこと)とも思える旋律さえ書く、まさに破天荒な作曲家でした。そんなヴァーグナーの畢生《ひっせい》の大作と言われるのは、「ニーベルングの指環」(以下「指環」)ですが、このオペラは上演するのに四日もかかるというとんでもない曲です。CDで休みなく聴いても一三時間はかかります。

『クラシックを読む2』にも書きましたが、私の学生時代はレコードは恐ろしく高価で、一枚二〇〇〇円以上しました。だから「指環」の全曲レコードなどは、とても手が出ませんでした。それで毎年、年末にNHK-FMで放送されるバイロイト音楽祭をカセットテープに録音するのが恒例行事でした。

バイロイト音楽祭とは、毎年、夏にドイツのミュンヘン郊外にあるバイロイトという街で行なわれるヴァーグナーのオペラだけを上演する音楽祭です。その時のライブ放送が年末に放送されるのですが、「指環」は四日かけて放送されます。私たち金《かね》のないヴァーグナーファンの学生は、カセットデッキの前に何時間も陣取って録音するのですが、六〇分テープだと三〇分ごとにテープをひっくり返したり交換したりしなくてはなりません。だからたまにうっかりして、貴重な名場面の録音を取り逃《のが》すこともよくありました。古い世代のヴァーグナーファンならではの「あるある」です。

ヴァーグナー作品にはまる理由

前置きが長くなりましたが、本項では「指環」の中から「ヴァルキューレ」を紹介します。前述したように「指環」は四部作で、「ラインの黄金」「ヴァルキューレ」「ジークフリート」「神々の黄昏《たそがれ》」からなります。物語は、世界を支配できるという魔力を秘めた指環をめぐって、神々と地下のニーベルング族が争うという、何ともスケールが大きいと言うか、馬鹿馬鹿しいと言うか、複雑怪奇な筋立てで、ここでそれを要約するのはとても無理なので割愛します。

「指環」の中でも「ヴァルキューレ」は特に人気の高い曲で、このオペラだけでよく単独上演されます。それでも劇場で見る時は、幕間の休憩を含めると五時間はかかります。

ヴァルキューレとは戦いの女神たちで、彼女たちは空飛ぶ馬に跨《また》がって戦場を駆け巡ります。映画『地獄の黙示録』で、戦闘へリコプターがナパーム弾で森を焼く有名なシーンのバックに使われている音楽は「ヴァルキューレの騎行」と呼ばれている曲で、これは第三幕の冒頭で、ヴァルキューレたちが「ホーヨートーホー!」という叫び声を上げながら、勇ましく空を飛びながら集まってくるシーンの曲です。わずか数分にすぎませんが、この部分を聴くだけで、ヴァーグナーの桁外れの凄さがわかります。

ところで通常、オペラは「アリア」や「二重唱」「三重唱」「合唱」が聞かせどころであり、それ以外の部分はレチタティーヴォ(簡単に言えばメロディーのついたセリフ)やセリフなどでつないでいきますが、ヴァーグナーのオペラでは、音楽はいっさい切れ目なしで続いていきます。つまり独立した「アリア」や「二重唱」などはなく、台本上のすべての言葉に音楽がついているのです。彼自身はこれを「楽劇《がくげき》」と呼び、オペラとは別物という意識を持っていました。

そして「ライトモティーフ」という手法を発明して、音楽全体に統一性を与えました。登場人物や感情などを表すテーマ（モティーフ）を作り、それらを組み合わせて、音楽を進行させていく方法です。たとえば舞台上で一人の女性が立っていて、そこに「ある男性」のモティーフと「愛情」のモティーフを組み合わせることによって、その女性がその男性に恋しているということを音楽で表現してしまうというわけです。「ヴァルキューレ」の中には、こうしたモティーフが一〇〇以上あり、ヴァーグナーはそれらのテーマを、さまざまに変奏や転調して組み合わせ、壮大な音楽を作り上げました。ちなみにこの「ライトモティーフ」というシステムは、のちにハリウッドの映画音楽で取り入れられました。

こう書くと、素晴らしいシステムに思えるかもしれませんが、はじめてヴァーグナーのオペラ（彼自身に言わせれば「楽劇」）を聴いて、どれが何のモティーフかわかる人など誰もいません。彼自身は、どの旋律が何のモティーフであるかなど、まったく説明していないからです。彼の音楽はやたらと音が多い上に、旋律も同時にいくつも鳴ります。それが切れ目なく一時間以上延々と続くので、これを一度聴いて好きになる人はいないと断言できます。

　ところが何度も聴くうちにモティーフがだんだんわかるようになり、やがてそれらの組み合わせも聴き取れるようになった頃には、ヴァーグナーの魅力にとことん取り憑《つ》かれていることになるのです。その魅力は他の作曲家の魅力とはまったく違ったもので、しばしば「麻薬的」とか「ヴァーグナーの毒」と言われます。

　話を「ヴァルキューレ」に戻すと、このオペラは音楽もストーリーも最高に素晴らしい。実を言えば、私自身はヴァーグナーの文学性には少々疑問を持っているのですが、「ヴァルキューレ」のストーリーは筋立ての面白さ、劇的な緊迫感、クライマックスの盛り上げ、結末の余韻と、これほど完成度の高い物語は一流の劇作家でも容易に書けるものではないと思っています。そこに描かれているものは愛、怒り、悲しみ、復讐、性、死、復活、運命などなど、もう盛り沢山すぎて、映画数本くらい見た気分になります。

　第一幕では登場人物はわずかに三人。嵐の中、大勢の敵との戦いで傷ついたジークムントが森の中にある屋敷に辿り着くシーンから始まります。しかしその屋敷は敵の首領フンディングの屋敷であり、屋敷を守るその妻は幼い頃に生き別れた双子の妹ジークリンデでした。ジークリンデは盗賊に攫《さら》われ、フンディングの妻にされていたのです。ジークムントとジークリンデはそれとは知らぬままに、見た瞬間に愛し合います。やがてフンディングが戻ってきますが、ジークムントには戦う武器がありません。フンディングは森のしきたりとして、一夜の宿を貸すことを約束しますが、翌日には殺すと告げて、部屋に鍵をかけます。

もはやこれまでと覚悟したジークムントでしたが、やがて部屋の中にあるトネリコの大木に深々と突き刺さった剣を見出します。この剣こそ、彼の父ヴォータンの剣でした。ヴォータンはフンディングとジークリンデの婚礼の日に、旅人に扮《ふん》してやってきて、「これを引き抜いた者に与えよう」と言って、トネリコの幹に剣を突き刺します。彼は、いずれ運命の糸に操《あやつ》られてジークムントがやってくるのを予期していたのです。剣は誰にも抜くことができず、長い年月そこに眠っていました――。

こうしてストーリーを書いていると、何とも荒唐無稽《こうとうむけい》なロマンに思えるかもしれませんが、音楽を聴けば、誰もがその異様なドラマに圧倒されます。数奇な運命に引き裂かれたジークムントとジークリンデが愛し合う（厳密には近親相姦ではあるが）シーンの、これ以上はないというくらいの禁断で甘美な音楽、そしてクライマックスでジークムントが剣を引き抜く時の迫力は、もはや言葉では表現できないほど凄い。剣が光を放つ様までもが音楽を聴けばはっきりとわかります。

第二幕では、神々の住むヴァルハラの城が舞台です。ここでジークムントは、神々の長ヴォータンが世界征服のために「英雄」を作ろうとして人間に産ませた子供であることがわかります。しかしその野望は近親相姦という許されぬ事態のために潰《つい》えます。そのためヴォータンは、ヴァルキューレの一人であり娘であるブリュンヒルデにジークムントに死を与えるように命じます。シューベルトの「魔王」のところでもすこし書きましたが、ここでブリュンヒルデがジークムントに死を告げるシーンは哀切きわまりなく、また実に鬼気迫る音楽であり、まさしくヴァーグナーの真骨頂です。

ブリュンヒルデはジークムントの愛の強さに打たれ、父ヴォータンに背《そむ》いてジークムントに生きる運命を与えますが、ジームクントはヴォータンによって剣を折られ、フンディングの槍で命を奪われます。

第三幕では、ヴォータンの怒りを買ったブリュンヒルデは、神性を奪われて岩山で長い眠りに就かされ、彼女を最初に見つけた男のものとなる恐ろしい運命を与えられます。しかしブリュンヒルデは「臆病者の所有物にはなりたくない」と訴え、「この山を火で覆ってくれ」と懇願します。ヴォータンは彼女の切なる願いを受け入れ、山を火で覆い、愛する娘と永遠の別れを告げます。そして「この火を恐れない真の勇者こそがブリュンヒルデを手に入れることができる」と高らかに歌い、やがて登場するジークフリートを予感させて、全曲の幕を閉じます。この部分は「ヴァルキューレ」の全曲の白眉です。私はこのシーンを何度聞いても胸が震えるほど感動します。ヴァーグナー以前にも以後にも、これほどの音楽を書けた作曲家はいません。

まったく余談になりますが、拙著『風の中のマリア』(講談社文庫)の登場人物(オオスズメバチであるが)の名前のいくつかは、この「ヴァルキューレ」から借りています。オオスズメバチのワーカー(働き蜂)はすべてメスであり、彼女たちは連日のように野山を飛び回って、あらゆる虫を狩ります。まさに戦いの日々であり、その過酷さゆえほとんどのワーカーが羽化後三〇日の寿命を全《まっと》うすることができません。空を飛ぶ勇敢な彼女たちは、まさしく戦場の女神であるヴァルキューレを連想させます。それともう一つ、作中には三頭のオスバチが登場しますが、この名前にはジークムントが名乗る三つの偽名を拝借しています。

DVDよりCDがお薦め

オペラはDVDで観《み》るほうが圧倒的にわかりやすいですが、市販されている「ヴァルキューレ」のDVDにはどれも不満があり、お薦めはしにくい。むしろ映像のないCDを聴いて、自由な想像力を働かせてもらいたいと思います。実際、ヴァーグナーの描く「光を放つ剣」「空飛ぶ馬」「燃えさかる山」などは、舞台上で見せることはほぼ不可能です。それでもDVDで観たいと仰《おつしや》る方には、ジェームズ・レヴァイン指揮メトロポリタン歌劇場管弦楽団の演奏をお薦めします。ブリュンヒルデを歌うヒルデガルト・ベーレンス（ソプラノ）は、容姿が美しい上に歌唱も見事です。ヴォータンを歌うジェームズ・モリスもいいし、ジークリンデを歌うジェシー・ノーマンも凄い迫力です。

推薦CDは、今や歴史的名盤となっていますが、ゲオルク・ショルティ指揮ヴィーン・フィルハーモニー管弦楽団の演奏がやはり素晴らしい。新しい録音ではクリスティアン・ティーレマン指揮バイロイト祝祭管弦楽団の演奏がいい。

ただ、私の個人的な好みはハンス・クナッパーツブッシュがバイロイト音楽祭で指揮した実況録音盤です。一九五六年のライブ録音なので、音も悪く、オーケストラにもミスがありますが、演奏は文句なしです。ブリュンヒルデを歌っているのはアストリッド・ヴァルナイ。拙著『風の中のマリア』で女王蜂の名前に使わせていただいたほど、この歌手は私のお気に入りです。彼女がジークリンデを歌った一九四一年のメトロポリタン歌劇場のライブも私の宝物です。指揮はエーリヒ・ラインスドルフです。

ヴィルヘルム・フルトヴェングラー指揮ヴィーン・フィルハーモニー管弦楽団の演奏もいい。ブリュンヒルデを歌っているマルタ・メードルも、私の大好きな歌手です。フルトヴェングラー指揮イタリア放送交響楽団で歌ったライブも素晴らしい。個人的には有名な彼のスカラ座のライブよりも好きです。

ブラームス「交響曲第一番」

なぜ完成まで二一年もかかったのか？

ベートーヴェンへの尊敬

ヨハネス・ブラームス（一八三三―九七）について書くのは勇気がいます。というのは、私がクラシック音楽を真剣に聴き始めて四〇年近く経ちますが、今もブラームスの曲をどのように捉えていいのか迷っている部分があるからです。

ブラームスが生きた一九世紀後半のクラシック音楽は、ハイドン、モーツァルト、ベートーヴェンなどの「古典派」の時代から「ロマン派」へと完全に移行していました。シューマンやショパンの初期ロマン派を経て、音楽はさらにモダンで物語性を帯び、「後期ロマン派」と呼ばれる新しい世界へ進みつつありました。厳格な形式を外れ、作曲スタイルはどんどん自由で幻想的なものとなりました。その急先鋒がヴァーグナーでした。

ところがヴァーグナーよりも二〇歳も若いブラームスの音楽は「擬古典」とも言うべき、ある種の古さを持っていました。擬古典とは、古典芸術を規範として伝統的形式にこだわった芸術スタイルのことですが、ブラームスは同時代の新しい音楽ではなく、ベートーヴェンを目指していました。

一九世紀の作曲家たちにとってベートーヴェンは目標とすべき最大の音楽家でしたが、ブラームスほど篤《あつ》い尊敬の念を持った男はいませんでした。それはもはや信仰に近いものがありました。同じくベートーヴェンを神のように崇拝していたヴァーグナーは新しい独自の世界を目指していましたが、ブラームスはベートーヴェン的な音楽を目指しました。

ブラームスを語るのに厄介《やっかい》なことは、彼の音楽の本質が外に向かって放射するものなのか、それとも内側に向かって沈潜《ちんせん》するものなのか、いずれとも摑《つか》みにくいことです。また彼は本来、非常に美しいメロディーを書く作曲家ですが、その美しいメロディーをあえて封印して作曲している気がしてなりません。何のためか——。古典形式に持っていくためです。

ハイドンやモーツァルト時代の古典形式は、主題に使う旋律は短いパッセージを組み合わせて作るケースがほとんどでした。ベートーヴェンの「交響曲第五番《運命》」の「ダダダダーン」などはその典型です。しかしロマン派の作曲家たちは息の長いフレーズ、うっとりするような美しいメロディーを主題に曲を書くようになりました。ブラームスと同世代のブルックナーの交響曲の主題は、ベートーヴェン時代の交響曲とはまるで違う非常に長いフレーズです。

ところが、ブラームスの交響曲の主題は一八世紀的なのです。つまりきわめて短く、メロディーというよりは「音階」に近い。面白いことに、彼は歌曲やピアノ曲を作る場合、しばしば非常に美しいメロディーを書きます。

ではなぜ、彼は交響曲に限り、そんな古いスタイルで書いたのでしょうか。これは前述のように、ベートーヴェンに対する尊敬の念があまりにも強すぎたからだと私は思っています。彼の中ではベートーヴェンの交響曲こそ「理想の交響曲」であり、それ以外のものは考えられなかったのかもしれません。したがって、彼の交響曲が古典形式となるのは当然の帰結でした。

しかし、この姿勢は彼自身にとてつもないプレッシャーを与えました。ベートーヴェンの九つの交響曲は、のちの作曲家たちにとって大きな壁となり、交響曲は気軽に書くことができないジャンルとなりましたが、ブラームスほど、その壁に怯えた作曲家はいなかったのではないでしょうか。

若い頃から作曲の才能に恵まれたブラームスは次々と名曲を書いていましたが、交響曲だけはなかなか書くことができませんでした。最初に交響曲の着想を得たのは二二歳の時でしたが、その後、推敲《すいこう》に推敲を重ね、完成したのは何と二一年後の四三歳の時でした。これを見ても、いかに彼がベートーヴェンのプレッシャーを感じていたかがわかります。

しかもこの曲はきわめてベートーヴェンの交響曲に似ています。「運命と激しい格闘をして、勝利へと至る」というベートーヴェンの典型的なスタイルが模倣され、しかも調性は《運命》と同じハ短調です。この曲を初演した有名な指揮者ハンス・フォン・ビューローは、ブラームスの「交響曲第一番」のことを、「ベートーヴェンの『交響曲第一〇番』」であると、述べています。

本項では、この曲について書くことにします。

ブラームスの葛藤

第一楽章はいきなり激しいティンパニの連打で序奏が始まります。これはまさに暗い運命が襲いかかる様子に聴こえます。主題は半音階の不気味な進行で、聴く者に不安を与えます。多くの評論家にこの第一楽章は「運命との激しい闘争」と言われていますが、実は私には別な何かが見えます。それはブラームス自身の葛藤です。

ブラームスは理想とするベートーヴェン的なものを描くために、本来の自分を抑えながら、懸命にもがいたような気がしてなりません。だからこそ二一年もの長きにわたって、生みの苦しみを味わったのです。私は、本来ブラームスの音楽はもっとナイーブで、迷いに満ち、内省的なものだと思っています。しかしこの「交響曲第一番」では、そんな自分の「弱さ」をかなぐり捨てて必死で戦っています。それだけに私はこの第一楽章を聴くと、胸が詰まりそうになります。

第二楽章の緩徐《かんじょ》楽章（ゆるやかで静かな楽章）は慰撫するような優しいメロディーですが、どこかに孤独の影があります。憧れを抱きながら、それを手に入れることができないあきらめのような悲しみが全曲を覆います。音楽は長調でありながら、明るくなりきれない——この何とも言えない切なさのような音楽こそ、ブラームスの音楽なのです。ここでは第一楽章と違って、彼自身がふんだんに自分を語っている気がします。途中、ヴァイオリンソロが奏でるセンチメンタルなメロディーが聴く者の心に迫ります。

第三楽章は終楽章への経過句的な音楽です。長調であるものの、どこか不安を掻き立てるような不気味さがあります。印象的にはベートーヴェンの《運命》第三楽章を連想させます。面白いのは、この楽章の途中に、第四楽章の主題が一瞬顔を出すことです。

第四楽章は再び暗いハ短調に戻ります。第一楽章の序奏に似た激しい冒頭の序奏の中に時折、明るい主題が断片的に顔を出しますが、このあたりの構造はベートーヴェンの「第九」こと「交響曲第九番《合唱付》」に非常に似ています。やがてティンパニのロール打ちのあと、ホルンが夜明けを告げるような明るいメロディーを奏でます。それを木管《もっかん》楽器が受け継ぎ、もう一度ホルンが高らかに鳴り響きます。このあたりはまさに暗い夜に太陽の光が差し込むような感動的な部分です。

そして、ついにハ長調の主題が現れます。ここは「第九」の「歓喜の歌」の明らかな影響があります。音楽は「暗《あん》から明《めい》」へと劇的な変化を遂げますが、ブラームスの場合はベートーヴェンの闘争とは違います。ベートーヴェンの場合は、運命を捩《ね》じ伏せるような力を見せますが、ブラームスの場合はもっと大らかに喜びを歌います。おかしな喩えですが、この両者の違いは旅人のコートを脱がせようとする「北風と太陽」の寓話を連想させます。もちろんブラームスが太陽です。もっともベートーヴェンの場合は、寓話のストーリーとは違って、旅人のコートを吹き飛ばしてしまうほどの激しさを持っているのですが。

コーダはブラームスの曲の中でももっとも激しい音楽です。ここを聴くだけで、彼がまさしく全力を傾《かたむ》けて作曲したというのがわかります。そして喜びの賛歌の中で堂々と幕を閉じます。

ところで、こんなことを言えば、世のブラームス好きに怒られるかもしれませんが、私はこれがブラームスの代表的な作品であるとは思っていません。なぜなら、この曲にはベートーヴェン的なものとブラームス的なものが奇妙な形で混在しているからです。しかしそれがこの曲の魅力であるのかもしれません。もちろん傑作であることは間違いありません。

ちなみに「交響曲第一番」を書くのに二一年も要したブラームスですが、これで何かが吹っ切れたのか、その翌年、わずか四ヵ月で「交響曲第二番」を完成させています。ブラームスは苦闘の末に憑き物が落ちたのではないでしょうか。あるいはベートーヴェンの呪縛からついに逃れることができたのかもしれません。

その証拠に、「第二番」は肩の力を抜いたようなところがあります。劇的で闘争的な

「第一番」とは違い、抒情性たっぷりののどかな曲です。ここにはもうベートーヴェン的なものは見られません。このあとに書かれた「第三番」「第四番」も含めて、ブラームスの個性がふんだんに入っています。いずれも傑作です。

ブラームスが「交響曲第一番」を作るのに要した二一年という歳月は、彼の中にあったベートーヴェン的なものを消し去る時間であったのかもしれません。

フルトヴェングラーの迫力ある名演

演奏はヴィルヘルム・フルトヴェングラーがベルリン・フィルハーモニー管弦楽団を指揮したものが見事です。一九五二年のライブで、録音はきわめて悪いですが、音楽の持つ迫力とエネルギーは半世紀の時を経てもいささかも古びません。同じ指揮者の北ドイツ放送交響楽団のライブも素晴らしい。

アルトゥーロ・トスカニーニ指揮NBC交響楽団のCDも音は悪いが、見事な演奏です。同じ指揮者がフィルハーモニア管弦楽団を指揮した演奏も素晴らしい。

ステレオではカール・ベーム指揮ベルリン・フィルハーモニー管弦楽団の演奏がいい。今風のスマートなものではなく、むしろ無骨《ぶこつ》とも言える演奏ですが、感動は深い。ブラームスも得意としたヘルベルト・フォン・カラヤン指揮ベルリン・フィルハーモニー管弦楽団のものは何種類かありますが、どれも名演です。シャルル・ミュンシュ指揮パリ管弦楽団の演奏は古典的名盤として定評があります。

他にはゲオルク・ショルティ、ギュンター・ヴァント、クルト・ザンデルリンクなども素晴らしい。

ベートーヴェン「ピアノソナタ第八番《悲愴》」

ピアノソナタの歴史を変えた、革命的な曲

発表当時、演奏が禁じられた

『クラシックを読む2』でも述べたように、ベートーヴェン（一七七〇―一八二七）は若い頃、作曲家よりもピアニストとして成功したいという夢を持っていました。彼は恐ろしいほどの腕前を持ったピアニストで、特に即興演奏では当代随一でした。当時、一流ピアニストと呼ばれるには、楽譜も何も用意しないでピアノを即興で弾く技に優れていることが絶対条件でした。

二十代のベートーヴェンはピアノ対決も何度か行なっていて、こちらのほうは記録にも残っています。一八世紀にはピアニスト同士の対決がよく行なわれていました。これはパ

トロンや後援者などが付いてピアニストが即興演奏で競うというものです。時にはお金が賭けられたこともあったと言います。

ベートーヴェンはその対決で連戦連勝でしたが、有名なのはヨーゼフ・ゲリネクとの対決です。ベートーヴェンより一二歳年上のゲリネクは当時ヴィーンでは人気ピアニストとして知られていました。この対決の様子は、ベートーヴェンの弟子でピアノ教則本の作曲家として有名なカール・ツェルニーも書き残しています。ツェルニーが少年の頃、家を訪れたゲリネクが彼の父に、「今日の夕方、名も知らぬピアニストと対決することになっている。あっさりと片づけてくる」と語りました。しかし翌日、再びツェルニーの家にやってきたゲリネクはすっかり落ち込んでいました。そして彼の父にこう語りました。「昨夜のことは忘れられないだろう。あの男には悪魔が憑いている。あんな素晴らしい演奏は聴いたことがない」

ゲリネクに圧勝したベートーヴェンの名声はいっそう高く鳴り響きました。まさしく当時は「無敵のピアニスト」だったのです。

そんなベートーヴェンが自身のテクニックをすべてぶち込んで作ったのが「ピアノソナタ第八番《悲愴》」です。この時二八歳、まだ一曲も交響曲もピアノ協奏曲も弦楽四重奏曲も作ってはおらず、作曲家としてはほとんど無名に近い存在でした。この曲が《悲愴》と呼ばれるのは、彼が楽譜の表紙に「悲愴的大ソナタ」と記したことによります。ベートーヴェンが自作にタイトルをつけるのはきわめて異例のことです。いかにこの曲にかけていたのかがわかります。

《悲愴》は発表された途端、ヴィーン中のピアノを学ぶ学生たちを狂喜させました。彼らは先を争って楽譜を買いました。あまりにも革命的で力強く、かつ美しかったからです。しかし教授たちは学生たちに「この曲は弾いてはならない」と言って禁じました。なぜなら伝統的なピアノソナタの書法とピアノ奏法を無視した曲であったからです。

それまでピアノソナタは、ハイドンやモーツァルト風の優美で繊細なものでしたが、ベートーヴェンのピアノソナタは激しく荒々しいものでした。これは彼の演奏方式にもよります。モーツァルト時代のピアノ奏法は指で弾くものでしたが、ベートーヴェンの演奏は手首、肘《ひじ》、肩、さらには全身を使って弾くという格闘技のようなものでした。ベートーヴェンが同時代のピアニストを圧倒したのは、この演奏法にもあったのかもしれません。

曲はいきなり重厚なハ短調の序奏で始まります。暗い運命が襲いかかるような冒頭です。この頃のベートーヴェンは音楽家の命とも言える耳の病に悩まされ、ピアニストとしての将来に大きな不安を抱えていました。ちなみにハ短調は「交響曲第五番《運命》」と同じ調性で、ベートーヴェンが運命と激しく戦う音楽を書く時に選ぶ調性です。

重苦しく深刻な序奏が終わると、悲劇的な主題が奏されます。切ないまでに何か思いつめたようなメロディーです。胸が締めつけられるような音楽ですが、中期の命をかけたような闘争ではありません。曲全体にセンチメンタルな抒情性が漂っています。初期のベートーヴェンの音楽には、こうした「青春の音楽」と呼びたくなるようなみずみずしい魅力が溢れています。

第二楽章のアダージョは一転して癒しの音楽です。心に染み入るようなメロディーは陶然とするほど美しい。ベートーヴェンは一般には激しい闘争の音楽を書く作曲家というイメージがありますが、それは彼の一面しか捉えていません。彼の真骨頂は緩徐楽章にこそあります。《悲愴》の第二楽章の美しさと哲学的な深さは絶品と言っていい。ちなみに彼の晩年の最高傑作「交響曲第九番《合唱付》」の緩徐楽章のメロディーは、この主題に酷似しています。

終楽章の第三楽章は一転して華やかなロンドです。ベートーヴェンの鮮やかなピアノ・テクニックがふんだんにちりばめられた煌びやかな曲です。

多くの女性を虜《とりこ》に

《悲愴》を聴いて、時々ふと思うことは、この曲を聴いた貴族の令嬢たちは、たちまちにしてベートーヴェンに夢中になっただろうなということです。

ロマン・ロランの名著『ベートーヴェンの生涯』（片山敏彦訳、岩波文庫）には、「絶えまなく熱烈に恋心にとらわれ、絶えまなく恋の幸福を夢みながら、たちまちその幸福の夢の果敢《はか》なさを悟らされ、苦《にが》い悲しみを味わわされていた」と書かれており、それが世の一般の彼のイメージとなっていますが、今日の研究によれば、ベートーヴェンはむしろ多くの貴族令嬢や夫人と情熱的な恋愛をしたことが明らかになっています。彼は耳が聞こえず、貧しい平民の出身で、背は低く、顔には疱瘡《ほうそう》の痕《あと》があり、ハンサムとはとても言えませんでした。にもかかわらず、多くの貴族令嬢や夫人が彼に夢中になったのです。

しかし私は、それは当然だと思います。当時のヴィーンの貴族たちの音楽的な教養はとても高いものがありました。ベートーヴェンの音楽の素晴らしさを最初に認めた人たちは、実は大衆ではなく貴族たちでした。高い音楽教養を身につけた貴族令嬢たちがベートーヴェンの演奏を目の当《ま》たりにすればどうなるか――考えるまでもないでしょう。それまで一度も耳にしたこともない素晴らしいピアノソナタを演奏する天才を見て、恋しない女性など考えられません。

想像してください。ラジオもCDもない時代、人々がピアノ音楽を耳にするのは実際の演奏を聴くしかなかった時代において、名曲の名演奏に立ち会えた聴衆の感動はどれほどのものであったかを。その感動の深さは現代とは比べものにならないほど大きかったはずです。しかもその曲を弾いているのは作曲者自身であり、しかもそれを演奏できるのは世界でその男一人となれば、もはや「奇跡」に巡り合っていると思ったとしても不思議ではありません。

実際に、多くの教養溢れる女性がベートーヴェンに出会い、驚くような感動と喜びを書き残しています。女流文学者としても名高く、文豪ゲーテとも親交があった才媛ベッティーナ・フォン・アルニム（旧姓ブレンターノ）は、ゲーテへの手紙でこう書いています。

「私が初めてベートーヴェンに逢ったとき、私は全世界が残らず消え失せたように思いました。ベートーヴェンが私に世界の一切を忘れさせたのです。そしてゲーテよ、あなたさえも……」（『ベートーヴェンの生涯』）

私はこの手紙を書いたアルニムの恐ろしいまでの慧眼《けいがん》に感服します。彼女はベートーヴエンの音楽を聴いた時、その天才を一目で見抜いたのです。ちなみにこのアルニムもベートーヴェンの恋人の一人ではなかったかと言われています。余談ですが、この手紙により、ゲーテはベートーヴェンと会うことになります。しかし一八世紀を代表する二人の巨人の邂逅は幸福な出会いとはならなかったことは前述しました。

《悲愴》以降、ベートーヴェンのピアノソナタはより深さと哲学性を持ちますが、この潑《はつ》剌《らつ》とした「若武者ベートーヴェン」とでも呼ぶべき曲は、中期や後期の名作にけっして劣るものではありません。いや、ピアノソナタの歴史から見れば、まさしくエポックメーキングな傑作とも言えます。

実はこの曲は、私が唯一の時代小説である『影法師』(講談社文庫)を書いている間、繰り返し聴いた曲でもあります。若き侍たちの燃えるような理想、そして切ないまでの恋の想いが、《悲愴》を聴くことによって私の中で強いイメージとなって広がっていったからです。

現代的かつ重厚なグルダの演奏

《悲愴》の名演奏はそれこそ星の数ほどあります。全集を録音しているほどのピアニストなら、誰の演奏を聴いても不満を感じることはありません。ヴィルヘルム・バックハウス、イーヴ・ナット、ヴィルヘルム・ケンプ、クラウディオ・アラウといった古い時代の名手の演奏もいいし、アルフレート・ブレンデル、ヴラディーミル・アシュケナージ、ダニエル・バレンボイム、ルドルフ・ブッフビンダーといったその次の世代の演奏も見事です。

私のお気に入りは、フリードリヒ・グルダの演奏です。もう半世紀も前の録音になってしまいましたが、今聴いても現代的で一種スポーツ感覚の爽快さがあります。それでいてベートーヴェンの重厚さも失っていないという稀有《けう》な演奏です。彼の全集は三種類ありますが、最後の録音がもっとも音がいい。

全集を残していないピアニストから選ぶなら、ルドルフ・ゼルキンの演奏がいい。真面目《まじめ》で誠実な演奏で、聴く者の襟《えり》を思わず正させるような真摯《しんし》さがあります。エミール・ギレリスの演奏も非の打ちどころのない演奏です。

ショスタコーヴィチ「交響曲第五番」

今も謎が残る、終楽章の解釈

粛清を逃れるために書いた曲

ドミトリー・ショスタコーヴィチ（一九〇六―七五）の「交響曲第五番」は、二〇世紀に書かれた交響曲の中ではもっとも人気のある曲の一つです。古典的な形式で、ベートーヴェンの「交響曲第五番《運命》」を思わせる「暗から明へ」という構造を持っているところが人気の秘密かもしれません。特に終楽章のダイナミックな音楽はさまざまなドラマやCMなどで今もよく使われています。私も大好きな曲です。ところがこの交響曲は多くの謎に満ちていて、時代によって解釈のされ方が何度も大きく変わった不思議な音楽なのです。今回は、この曲の成り立ちと魅力について語ってみようと思います。

一九一七年のロシア革命がきっかけとなって、一九二二年、史上初の共産主義国家「ソビエト社会主義共和国連邦」が誕生します。その八年後、恐怖の独裁者スターリンは、すべての芸術に対して、「形式においては民族的、内容においては社会主義的」という方針を課しました。物語性のある文学や芝居や映画ならいざ知らず、絵画や音楽で「民族的」「社会主義的」というのはどういうことなのでしょうか。私にはまったく意味がわかりません。しかし当時のソ連では、意味がわからないからと言って勝手気儘《かってきまま》に作曲をすることは非常に危険な行為でした。なぜなら、一歩間違えば投獄、最悪は死刑になるからです。どんな些細な理由であれ、「人民の敵」というレッテルを貼られれば命はありません。当時、スターリンの「大粛清」で殺された人は七〇〇万人以上と言われています。画家や音楽家も何人も処刑されています。

その頃、ショスタコーヴィチは若くして天才作曲家と認められ、世界的にはソ連を代表する芸術家と見られていました。しかしソ連共産党中央委員会執行部は、彼の前衛的でモダンな音楽を認めていませんでした。

一九三六年一月二八日、ソ連共産党中央委員会の機関紙『プラウダ』にショスタコーヴィチ個人を批判する社説が載《の》りました。「平明さを欠くわかりにくい卑猥《ひわい》な音楽であり、社会主義的リアリズムを欠くブルジョワ・形式主義である」と糾弾されたのです。当時、『プラウダ』の社説はスターリンの意思が反映されたものと言われていました。ショスタコーヴィチがどれほど恐怖に慄《おのの》いたか想像がつくでしょうか。もしこのまま「人民の敵」と見做されれば、「投獄・流刑・銃殺」という運命が待ち構えています。著名な音楽家であろうと関係ありません。このすこしあと、ショスタコーヴィチの友人で世界的に有名だった舞台演出家メイエルホリドでさえ、冤罪《えんざい》によって処刑されています。まさしくショスタコーヴィチの運命は風前《ふうぜん》の灯《ともしび》でした。この絶体絶命の窮地から逃れる方法はただ一つ、共産党に再評価してもらう以外に道はありません。

ショスタコーヴィチは、すでに完成していて初演を待つばかりだった「交響曲第四番」の発表を取り止め、新しい交響曲に取りかかりました。「交響曲第四番」はマーラーを思わせるモダンな曲で、共産党中央委員会が好む曲とは思えなかったからです。いや、下手をすれば、その曲が自らの死刑宣告になりかねません。そして翌年、「交響曲第五番」を発表しました。

この曲はそれまでのショスタコーヴィチの曲とはがらりと印象が違い、形式は古典的で、聴きやすいメロディーがふんだんに用いられていました。しかも作曲者自身による

「苦難を乗り越えて最終的に勝利する長い精神的闘争の物語」という解説がつけられました。

初演は大好評でした。ベートーヴェン的な「闘争から勝利へ」という構造が、「ソビエト革命」を象徴する曲として受け入れられたのです。特に終楽章は共産党中央委員会に「人民の勝利の行進」と称えられました。ショスタコーヴィチは名誉を回復することができ、きわどいところで死を免《まぬか》れました。それどころか「社会主義リアリズム」を具現化した偉大な作曲家として賞賛されました。いっぽうで西側の音楽家や評論家たちからは「共産主義に迎合した作曲家」と見られることとなりました。

しかし曲そのものは西側諸国でも高く評価されました。冒頭でも書いたように、現代でもショスタコーヴィチの曲の中でもっとも広く知られた曲であり、また人気も高い。二〇世紀に作られた交響曲の中では、おそらくコンサートのプログラムに載る回数がもっとも多い曲の一つです。実はこれは凄いことなのです。というのは、ショスタコーヴィチはまだ死後七〇年経っていないので著作権が切れておらず、コンサートで演奏するには遺族に著作権料を払わねばなりません。この金額が馬鹿にならないのです。つまりその金額をかけてもコンサートで演奏したいと思わせる曲ということです。

言うまでもないことですが、ベートーヴェンやモーツァルトは著作権が切れているため（もともとなかったが）、演奏しようと、録音して売ろうと、著作権料はいっさいかかりません。

『ショスタコーヴィチの証言』の衝撃

第一楽章は非常に重苦しく始まります。これは圧政に苦しむ民衆の苦しみを描いた音楽と聴くことができます。しかしただ暗いだけではありません。随所に挟み込まれた素朴なメロディーははっとするほど美しい。第二楽章は古典的なスケルツォで、束の間の軽妙な音楽となっています。第三楽章は哀《かな》しみに満ちた悲痛な音楽です。初演では多くの聴衆がすすり泣いたと言われています。

第四楽章（終楽章）は全曲の白眉とも言える楽章です。冒頭から高らかに勝利の音楽が奏でられます。ソ連共産党中央委員会が「人民の勝利の行進」と見做した堂々たる音楽です。初演では、曲の途中から聴衆が次々に立ち上がり、終演と同時に盛大なスタンディングオベーションが送られたという記録が残っています。

まさに「ソビエト革命の勝利」を描いたように見える「交響曲第五番」ですが、ショスタコーヴィチの死後、ある本によって、突然その解釈ががらりと変わります。その本とは、一九七九年にアメリカで出版された『TESTIMONY: The Memoirs of Dmitri Shostakovich（邦題・ショスタコーヴィチの証言）』です。著者はアメリカに亡命したソロモン・ヴォルコフというソ連の音楽学者で、ソ連にいた頃、親交があったショスタコーヴィチから直接話を聞いて原稿にまとめたものを、亡命後に発表したのです。

同書は当時の音楽界に衝撃を与えました。というのは、ここでさまざまな「証言」を行なっているショスタコーヴィチの姿は、それまで多くの人が持っていた彼のイメージとまるで違っていたからです。国家に迎合した作曲家ではなく、むしろ国家に不満を抱き、心情的には反体制派と言ってもいいほどの人物だったのです。

どの証言も驚くべきものばかりですが、もっとも多くの人を戸惑《とまど》わせたのは、「交響曲第五番」について語っている部分です。何と彼は「歓喜の終楽章など夢にも考えたことがない」あれは「強制された歓喜なのだ」として、「それは鞭打たれ、『さあ、喜べ、喜べ、それがおまえたちの仕事だ』と命令されるのと同じだ」とまで言っているのです（ソロモン・ヴォルコフ編、水野忠夫訳『ショスタコーヴィチの証言』中央公論社）。

まさに衝撃的な内容です。これ以後、ショスタコーヴィチの「交響曲第五番」の解釈は一八〇度転換します。ソビエトの社会主義リアリズムを賛美した曲ではなくて、むしろその反対に、共産主義の恐ろしい体制に押し潰《つぶ》された民衆の怨嗟《えんさ》の音楽として。

確かにそう言われて聴けば、終楽章はある種の異様さをもって聴こえないこともないではありません。というのは、全編が輝かしい音楽に満ちているわけではないからです。「勝利の行進」であるはずなのに、途中に不気味とも言えるような哀切きわまりない音楽が挟まれているのです。

『ショスタコーヴィチの証言』の出版以来、終楽章の演奏スタイルも微妙に変化しました。以前のように明快で力強い演奏ではなく、陰影を含んだものが増えてきました。

ところが、事態はまたもや急転します。『ショスタコーヴィチの証言』が偽書であるという声が上がったのです。生前のショスタコーヴィチを知る多くの友人や関係者が、「彼はヴォルコフにそんなことは語っていない」とし、作曲家の未亡人もまた偽書であると断言しました。それ以外にも否定的な証拠も多数挙がり、偽書はほぼ確定的になりました。

それでまたもやショスタコーヴィチの音楽の解釈が見直されるということになったのですが、その後また事態は複雑なものとなります。というのは、ソ連から亡命した多くの作曲家や演奏家が「『ショスタコーヴィチの証言』は真書である」と語り出したからです。

特に貴重な証言は、ショスタコーヴィチの息子マキシムが亡命後、何年も経ってから「(この本は) ソ連の政治状況については真の姿を伝え、父の政治的見解を正しく表している」と語ったことです。

実は『ショスタコーヴィチの証言』の真贋《しんがん》論争は今なお決着がついていません。はたして終楽章は本当に「人民の勝利の行進」なのか、それとも「鞭打たれた者の強制された歓喜」なのか。私にもわかりません。

しかし終楽章のコーダに謎めいた音楽があります。ビゼーの「カルメン」の中で歌われている「ハバネラ」のメロディーの一部 (四つの音) がそっくりそのまま使われていることです。「ハバネラ」では男声合唱で歌われている「合いの手」部分で、その歌詞は何と「気をつけろ！」というものです。「勝利の行進」のラストに「気をつけろ！」という「ハバネラ」のメロディーを潜《もぐ》り込ませているというのはどういうことなのでしょう。しかもご丁寧《ていねい》に二度続けて鳴らしています。わずか四つの音なので単なる偶然の一致ではないかと言われるかもしれません。しかしそうとは思えないところがあります。というのは第一楽章の中にも「ハバネラ」の別のメロディーが挟み込まれているからです。つまり明らかにショスタコーヴィチは「ハバネラ」を意識的に使っています。となると、最後で「気をつけろ！」という合唱の音楽を使ったのは、意味のあることだと思えます。

しかし音楽は文学ではありません。音には言葉の意味はありません。したがってこの四つの音が「気をつけろ！」という感情を表現するメロディーになるわけでもありません。仮にショスタコーヴィチの意図がどうであろうと、私たちは演奏された音を純粋に聴くのみです。だから、この曲も「勝利の行進」でも「強制された歓喜」でも、本当のところはどっちでもいいと思っています。聴く者が、その響きから自由にイメージできるのが音楽の本当の素晴らしさだからです。

ショスタコーヴィチ本人が絶賛した演奏

この曲も名盤が多い。まず挙げるのは、レナード・バーンスタイン指揮ニューヨーク・フィルハーモニックの演奏です。これは二種類ありますが、どちらも凄い熱気の名演です。両方とも『ショスタコーヴィチの証言』が出版される以前の録音で、終楽章は非常に輝かしい響きとなっています。ちなみにバーンスタインは東西冷戦時代にモスクワでこの曲を演奏し、ショスタコーヴィチ本人から絶賛されています。

エフゲニー・ムラヴィンスキー指揮レニングラード・フィルハーモニー管弦楽団の演奏

は何種類もありますが、これもすべて素晴らしい。ムラヴィンスキーはこの曲の初演者で、まさしく自家薬籠中の物としています。

他にはリッカルド・ムーティ指揮フィラデルフィア管弦楽団、ゲオルク・ショルティ指揮ヴィーン・フィルハーモニー管弦楽団、ヴァレリー・ゲルギエフ指揮マリインスキー劇場管弦楽団の演奏もいい。

リヒャルト・シュトラウス「英雄の生涯」

英雄とはシュトラウス自身！　壮大な交響詩

暗く真面目なマーラー、明るく俗なシュトラウス

私は個人的に二〇世紀最高の作曲家はドイツ出身のリヒャルト・シュトラウス（一八六四―一九四九）だと思っています。クラシック音楽は一九世紀後半から衰退を始め、二〇世紀後半には同時代性をほとんど失ってしまいますが、私の目には、シュトラウスはそんな落日のクラシック音楽界に立つ最後の巨人に見えます。

シュトラウスと同世代で、同じヴィーンで活躍した作曲家に四歳年上のマーラーがいますが（二人は親交があった）、マーラーが常に「人生とは何か？」という深刻な問いを続けた暗い男だったのと対照的に、シュトラウスは享楽的で金が大好きという俗な男でした。

また悲劇性を帯びたマーラーの曲に対し、シュトラウスの音楽は楽天的な響きがあり、それゆえ真面目な人が多いクラシックファンの間ではマーラーのほうが人気が高いですが、私は圧倒的にシュトラウスが好きです。

彼は二十代のはじめから「物語を音楽で語る」交響詩をいくつも書いて注目されました。その後、セルバンテスの小説『ドン・キホーテ』を交響詩にしたあと、三四歳の時に最後の交響詩を書きました。それが今回紹介する「英雄の生涯」です。この「英雄の生涯」で描かれる英雄とは誰なのか？　何と驚くなかれ、シュトラウス自身なのです。彼は自分自身を英雄に擬《なぞら》えて、一時間近くもかかる大交響詩を世に発表したのです。

なぜこんな曲を書いたのか？

曲は全部で六部構成になっていて、第一部「英雄」ではいきなり素晴らしいテーマが演奏されます。音階が下から上まで駆け上がる長い主題は、聴く者の心を高揚させます。とにかく最高にかっこいいメロディーなのです。ここでは若き作曲家シュトラウスが音楽の理想を求めて活躍する様が描かれます。

しかし第二部の「英雄の敵」では、英雄はさまざまな敵に苦しめられます。この「敵」

とは批評家であり、同時代の作曲家であり、悪意に満ちた聴衆です。この戦いで英雄は大きく傷つきます。

第三部「英雄の伴侶」では、傷ついた英雄が優しい女性に巡り会います。英雄の伴侶となる女性は独奏ヴァイオリンによる美しい旋律で描かれます（演奏会ではコンサートマスターが演奏する）。実際のシュトラウスの妻パウリーネは恐ろしく気の強い女性で、シュトラウスは生涯尻に敷かれっぱなしでした。だから、この部分は妻に対するご機嫌取りにも聴こえて面白い。ここではまた恋愛描写もあります。女性は英雄に惹《ひ》かれたかと思うと拒否してみたりといった恋の駆け引きを演じたりします。しかし英雄と伴侶はやがて愛し合い、壮大な愛のテーマが奏されます。

第四部「英雄の戦場」では、冒頭にトランペットのファンファーレが鳴らされ、再び戦いの時が来たことが暗示されます。優しい妻の愛を受けて気力を取り戻した英雄は雄々しく立ち上がって戦場へと赴きます。英雄にまたもや敵が襲いかかりますが（第二部で戦った敵である）、成長した英雄は彼らと互角以上に戦います。そしてそんな英雄に妻（独奏ヴァイオリン）も加勢します。そしてついに英雄はすべての敵を打ち倒します。

第五部「英雄の業績」では、これまでのシュトラウスが書いた曲が次々に出てきます。

実はシュトラウス自身は「英雄」は誰であるかを語っていませんが、この部分を聴けば、誰のことか全部ばれてしまっているというわけです。

そして全曲を締めくくる第六部は「英雄の隠棲と完成」です。ここまでの五部では若干《じゃっかん》ふざけた部分もなきにしもあらずですが、この最終の第六部はシュトラウス自身が珍しく真摯な曲作りをしています。音楽も第一部に優るとも劣らぬほど素晴らしい。ここで英雄は田舎に隠棲し、自らの人生を静かに振り返ります。

そんな英雄に最後まで寄り添うのは優しい妻です。独奏ヴァイオリンが奏でる美しい旋律に看取《みと》られながら、彼は静かにその生涯を終えます。そして英雄が息を引き取った瞬間、彼を称えるように、輝かしい和音が高らかに鳴り響いて、全曲が幕を閉じます。

よくもまあこんな曲を三四歳の男が作ったものだと驚き呆れます。おそらく同時代の作曲家たちも呆れはてたに違いありません。しかもこの曲は彼のオーケストレーションの頂点をきわめた曲で、演奏するには一〇〇人を超えるプレーヤーが必要です。冗談半分で書ける曲ではありません。

では、彼はいったいなぜこんな曲を書いたのでしょうか。これは私の想像ですが、シュトラウスはこの曲で、無理解な批評家や聴衆に背を向ける生き方をすることを宣言したのではないでしょうか。同時に新しい創作世界に足を踏み入れる決意表明であったのかもしれません。私は「英雄の生涯」を聴くと、彼の悲壮な覚悟を見る思いがします。

事実、シュトラウスはこの曲で交響詩の世界に別れを告げ（「アルプス交響曲」「家庭交響曲」という交響詩に近いものは書いているが）、以後、作曲の主力をオペラに置き、多くの傑作を残すことになります。私は彼の交響詩はすべてお気に入りですが、もっとも好きなのはこの「英雄の生涯」です。

シュトラウスは守銭奴と陰口を叩かれるほど、金にうるさい男でした。シュトラウスの友人であったマーラーの妻アルマは「シュトラウスの頭の中はいつもお金のことばかりだった」と軽蔑したように書いています。実際に、彼の「お金大好き」の性格を表す逸話はいくつも残っています。

ある日、自作のオペラ「サロメ」のリハーサルを終えて家に帰ったシュトラウスに、息子フランツが「パパ、いくら儲かったの？」と訊《き》いた時、彼は「お前もやっと私の息子になった」と喜んだという話がありますが、実は私はこの話が大好きで、シュトラウスに限りない共感を覚えます。というのも、私自身がいつも本の売れ行きと印税ばかり考えているからです。しかし小さな声で言い訳させてもらうと、けっして金のために小説を書いているのではありません。作品に向かう時は金のことは頭にないのは本当です。

本書のようなクラシック音楽について書いた本は、まず大きな売れ行きは期待できません。しかしこの本を書くために、多くの資料を取り寄せたり、CDを何度も聴き直したりと、小説を書くよりもはるかに多くの時間を割《さ》いています。はっきり言って儲けにはならない仕事です。でも、私は時間を作ってもこの本を書いたことに喜びを覚えています。書いている時は印税のことなど微塵も頭にはありません。

シュトラウスの心の中はわかりませんが、おそらく彼もそうであったと信じています。そうでなければ、あれほど力のこもった（コストを度外視した）傑作をいくつも書けるわけがありません。

シュトラウスは全盛期においてはドイツ最高の作曲家として栄光と人気をほしいままにしますが、第二次世界大戦後はナチスに協力した疑いで連合国による非ナチ裁判にかけられます。裁判では最終的に無罪となりましたが、シュトラウスの栄光は地に落ち、彼はドイツを去ってスイスに隠棲します。そして一九四九年、八五年の生涯を終えました。

自身を描いた作品を、自身で演奏

「英雄の生涯」は高い演奏技術を要する曲だけに、一流オケでないとその真価が発揮できないと言われています。名演奏として名高いのはヘルベルト・フォン・カラヤン指揮ベルリン・フィルハーモニー管弦楽団の演奏です。シュトラウスを得意とした彼は「英雄の生涯」も何度も録音していますが、一九七〇年代に残した録音が特に素晴らしい。まさに「豪華絢爛」という言葉がぴったりくる、壮麗なものです。

私が個人的に偏愛しているのがフリッツ・ライナー指揮シカゴ交響楽団の演奏です。オーケストラの腕前はカラヤン指揮ベルリン・フィルを凌《しの》ぐかと思うほどで、加えてライナーの指揮が贅肉をいっさい削ぎ落としたような厳しさがあって、演奏芸術のきわみを感じさせます。それでいて「英雄の伴侶」のシーンなどは実に艶めかしい。

ゲオルク・ショルティ指揮ヴィーン・フィルハーモニー管弦楽団の演奏も素晴らしい。しなやかで、それでいて力強く、迫力満点の英雄です。

新しい録音では、サイモン・ラトル指揮ベルリン・フィルハーモニー管弦楽団、クリスティアン・ティーレマン指揮ヴィーン・フィルハーモニー管弦楽団、ダニエル・バレンボイム指揮シカゴ交響楽団の演奏が見事です。

シュトラウス自身の演奏もいくつか残されています。自分を描いた作品でありながら、演奏は意外にあっさりしたもので、むしろ純音楽的に演奏しているのが面白い。

モーツァルト「ピアノ協奏曲第二四番」

モーツァルトの悲痛な叫びが聞こえる

編成は交響曲以上！

「交響曲第二五番」のところでも述べたように、モーツァルト（一七五六―九一）は基本的に長調の作曲家です。彼の作品のほとんどは明るい調が選ばれています。五〇曲を超える（数には諸説あり）交響曲にも短調はわずかに二曲、二七曲ある（同）ピアノ協奏曲には二曲、四三曲ある（同）ヴァイオリンソナタには二曲です。後世の作曲家に比べて短調の出現率がきわめて低いのです。正確に数えたわけではありませんが、一九世紀のロマン派は三割以上が短調ではないでしょうか。

ただ、割合はきわめて少ないにもかかわらず、モーツァルトの短調はいずれも恐ろしいまでの傑作です。もちろん長調の曲にも名曲が目白押しですが、彼の短調の曲は聴く者の心を鷲掴《わしづか》みにして、感情を激しく揺さぶります。また彼の代表作に挙げられるものが多い。これはどういうことでしょうか。

私は、本当はモーツァルトの心の底から生まれる旋律は短調ではなかったかと考えています。彼が長調の曲を提供し続けたのは、父レオポルトの教えや、当時の聴衆が短調を好まなかったからでしょう。

ところが彼の長調の曲の中にも、短調はしばしば顔を覗《のぞ》かせます。ソナタ形式の展開部や、緩徐楽章には、時々はっとさせるほど悲しいメロディーが飛び出します。それまで春の陽射しの花畑の中にいたと思っていたはずが、気がつけば冬の荒野に立っているかのような錯覚を覚えるのです。しかし次の瞬間には、また元の花畑に戻っている——。モーツァルトはある種の「効果」を狙って、そんな音楽作りをしたのかもしれません。しかし私は、彼の長調の曲の中に時折顔を出す短調こそ、いつもは抑えつけられていた彼の本当の心ではないかと思います。もちろん、そうは思わないという人があっても反論する気はありません。

さて今回紹介するのは、モーツァルトの短調の中でももっとも暗く、またもっとも劇的な「ピアノ協奏曲第二四番 ハ短調」です。

モーツァルトの短調の曲は第一楽章こそ短調ですが、第二楽章以降は長調になり、最後はむしろ明るく終わることが多い。『クラシックを読む1』で紹介したもう一つの短調の傑作「ピアノ協奏曲第二〇番 ニ短調」もそうです。ところが、「第二四番」は全曲にわたって悲痛な音楽が支配し、最後まで暗いままに終わります。これはモーツァルトの曲の中でもきわめて異色です。

しかもオーケストラの編成は彼のすべての曲の中で最大のものです（独奏ピアノ、フルート、オーボエ二、クラリネット二、ファゴット二、ホルン二、トランペット二、ティンパニ、弦楽五部）。これは交響曲以上の編成です。つまり彼はこの曲を書くにあたって、明らかに大作を書こうと意図していたのがわかります。

私は、モーツァルトのピアノ協奏曲は彼のジャンルの中でも名曲率が異常に高いと思っています。「第一五番」から「第二七番」までの一三曲はすべて名曲と言っていいし、最後の八曲は傑作と断言してもいいと思います。ピアノ協奏曲は、彼自身が指揮をしてピアノを弾くために書いた曲です。つまり聴衆の前に、自らの作曲家としての才能と演奏家としての技術の二つを披露する目的で書いたわけですから、その曲が素晴らしいのはある意味当然かもしれません。「第二四番」はそんなモーツァルトが満を持して書いた曲であると思います。

天才の心の深淵

第一楽章、曲の冒頭は恐ろしく暗い。同じく短調で劇的なオペラである「ドン・ジョヴァンニ」の序曲はいきなり激しく強烈な和音で開始しますが、「第二四番」の暗さはそれとはすこし違います。低弦で暗い運命がゆっくりと近づいてくる不気味な怖さです。あえて言えば、彼の絶筆となった「レクイエム」の冒頭に似ているとも言えます。

しかし次に同じ旋律が全合奏で奏でられると、にわかに嵐のような激しさになります。そして木管楽器群が悲痛なメロディーを受け渡していきます。これらは長調の曲で聴くモーツァルトの響きとはまるで違います。

やがて嵐のようなオーケストラが収まると、ピアノがソロで静かに入ってきます。この音色は何という儚《はかな》さを持っていることでしょう。悲しみの呟《つぶや》きのようであり、一種の諦観のようでもあります。しかし、その音を再びオーケストラの暗い響きが掻き消していきます。

ピアノはそれでも必死で明るさを取り戻そうとします。荒れ狂うオーケストラに対して、ピアノはそれを鎮めようとするかのようです。この楽章は、私にはまるで絶望の中にありながら、それでも必死で希望を求めてもがいているような曲に聴こえます。ピアノと木管楽器がしばしば美しい対話をするのが実に印象深い。しかしやがてすべては暗い絶望の中に飲み込まれていきます。

なお、モーツァルトはいつものようにこの曲にもカデンツァを書き残しませんでした。カデンツァはソリストの腕の見せどころです。だから、この曲を録音するピアニストの多くが自分で作曲したカデンツァを弾きます。おそらくモーツァルトは実際の演奏会では即興で弾いたのでしょう。

ちなみにベートーヴェンの「ピアノ協奏曲第三番」も同じハ短調で、冒頭の旋律は非常に似ていて、明らかにモーツァルトの曲の影響を受けています。この曲も運命と格闘するような曲ですが、悲痛さはモーツァルトのほうがはるかに深い。

第二楽章は変ホ長調で、この曲の中で唯一の慰《なぐさ》めと癒しの部分です。子守唄のような単純で優しい旋律がピアノソロで奏でられ、それをオーケストラが繰り返します。前の楽章であれほど荒れ狂ったオーケストラが大人しくピアノの伴奏に終始します。ただ、最初は天上でまるで子供が無邪気に遊んでいるような微笑《ほほえ》ましい音楽は、いつのまにか切ないものに変わっていきます。なぜか哀しさがいっそう募《つの》ってくるのです。モーツァルトの本当の哀しみは、長調の時にこそ表れるのかもしれません。

第三楽章は再びハ短調に戻ります。この楽章は八つの変奏曲からできています。この楽章は、私にはモーツァルトの慟哭《どうこく》に聴こえます。彼はのちのロマン派の作曲家たちのように、曲の中で感情をあからさまにすることはしません。しかしここでは、もはやなりふりかまわず泣き叫んでいます。その意味でも異様な曲なのです。途中、いくつかの変奏曲で長調になり、泣き止んで微笑んでいるようにも見えますが、それも束の間にすぎません。最後の変奏曲で再び悲劇が襲いかかり、希望も何もかも飲み込むように曲が終わります。モーツァルトの曲でこんな終わり方をすることは滅多にありません。いったい彼に何があったのでしょうか。

不思議なのは、この曲を書き上げるわずか三週間前に「ピアノ協奏曲第二三番」を書き上げていることです。「第二三番」は楽しく朗《ほが》らかで、「これぞ、モーツァルト！」と言いたくなるほどの愉悦に満ちた曲です。「第二三番」を書いた直後に「第二四番」を書いたとしたら、この落差はどういうことなのでしょうか。また、もし同時並行して書いていたならば、いっそうの驚きです。モーツァルトと私ではスケールも違うし、音楽と小説というジャンルも異なりますが、同じクリエイターとして非常に興味深いものがあります。

「生涯最後」を知っていたかのような演奏

「ピアノ協奏曲第二四番」の名演は非常に多い。私が好きなのはロベール・カサドシュがピアノを弾き、ジョージ・セルがクリーヴランド管弦楽団を指揮したCDです。端正でありながら、実に力強く劇的で、カデンツァも素晴らしい。ただし録音はもう半世紀以上も前なので音はあまりよくありません。

クララ・ハスキル（ピアノ。以下P）とイーゴリ・マルケヴィチ指揮コンセール・ラムルー管弦楽団の演奏も見事です。ハスキルのピアノはとても美しい。それでいて激しい。それを支えるマルケヴィチの指揮は、モーツァルトの恐ろしさを十分に描いています。

ダニエル・バレンボイム（P、指揮）によるイギリス室内管弦楽団の演奏は、この曲のデモーニッシュな部分を打ち出したものですが、これも魅力的なCDです。

他にもアルフレート・ブレンデル（P）とネヴィル・マリナー指揮アカデミー室内管弦楽団、内田光子《うちだみつこ》（P）とジェフリー・テイト指揮イギリス室内管弦楽団、クリスティアン・ツァハリアス（P）とギュンター・ヴァント指揮北ドイツ放送交響楽団などがいい。

実はこの曲に関して、私が偏愛しているCDがあります。田中希代子《たなかきよこ》がクルト・マズアの指揮するベルリン放送交響楽団のバックでピアノを弾いたものです。田中は一九五〇年、一八歳の時に戦後初のフランス政府給付留学生に選ばれてパリに留学し、一九五二年、二〇歳の時にジュネーヴ国際音楽コンクールで最高位を受賞、一九五五年、二三歳の時にショパン国際ピアノコンクールで日本人初の入賞者（一〇位）となりました。一般には中村紘子《なかむらひろこ》が同コンクール初の日本人入賞者と思われていますが、これは誤解です。ちなみにこの年のショパン国際ピアノコンクールは大接戦で、審査員で世界的ピアニストのアルトゥーロ・ベネディッティ・ミケランジェリは、二位になったヴラディーミル・アシュケナージと田中希代子の順位に憤慨し、順位を認めるサインをせずに退席したことがのちに明らかになっています。

ヨーロッパで「東洋の奇跡」と呼ばれ人気を博した田中でしたが、全盛期を迎えようとしていた三五歳の時に膠原病《こうげんびょう》を発症し、指が動かなくなり、引退を余儀なくされました。この演奏は病気になる半年前、一九六七年五月に東ドイツ放送局のスタジオで録音されたものです。おそらくラジオ放送か何かのために録音されたものではないかと思います。

この演奏ほど胸に迫るというか、切羽詰《せっぱつ》まったものはありません。モーツァルトの曲はよく「疾駆する悲しみ」と表現されますが、この田中の演奏はまさにその言葉がしっくりくるように思います。この曲を書いたモーツァルトは五年後に亡くなりますが、これを弾いた田中も半年後にピアニストとしての生命を失っています。

彼女はこの演奏が生涯最後の演奏というような気迫で弾いています。まるで自分の運命を知っているかのようです。そんな田中の思い詰めたような気迫に指揮者のマズアとオーケストラも引きずられたのか、途中から異様な熱気がこもり、スタジオ録音なのに、まるでライブのような「一期一会」を感じさせるものになっています。ただ、あまりに激しく切ない演奏なので、私は滅多に聴く気にはなれません。これほどの名演が現在廃盤なのは実に残念です。ぜひ、メーカーに再発を願います。

引退後、田中は忘れられ、一九九六年に六四歳で亡くなっています。晩年、あるラジオ番組に出演した時、田中はこう語っています。

「もし、神様が、お前からはずいぶんいろいろなものを奪ったけれども、お皿を洗う能力は返してあげよう、と言ったら、私は跳《と》び上がって喜ぶでしょうねぇ。お皿を洗うことだって、立派な自己表現ですもの」

私はこの言葉を知った時、芸術よりももっと大切なものがあるということを教えられた気がしました。

【間奏曲】マーラー雑感

取り上げなかった曲

私はこのシリーズで全七五曲（実質九四曲）を紹介していますが、あらためてその曲のリストを振り返ると、そこにはかなりの偏《かたよ》りがあることに気づきます。

たとえばクラシック音楽の世界では超人気作曲家のベートーヴェンの一四曲、モーツァルトの一〇曲は当然だとしても、比較的マイナーな部類に入るリヒャルト・シュトラウスを五曲も取り上げています。シュトラウスと同時代に活躍したグスタフ・マーラー（一八六〇―一九一一）は一曲も取り上げていないのに、です。

他にも取り上げなかった有名作曲家はいます。ロマン派で活躍したロベルト・

シューマン、イタリアオペラの重鎮ジョゼッペ・ヴェルディ、新ヴィーン楽派のアルノルト・シェーンベルク（十二音技法の創始者）、アルバン・ベルク、アントン・ヴェーベルン、二〇世紀の大音楽家であるベラ・バルトーク、セルゲイ・プロコフィエフなどなど。

でも開き直るようですが、これが私の選曲です。私は音楽評論家ではなく、一人の愛好家です。よくある名曲紹介本のような総花的な紹介はしていません。

ただ、前述の作曲家の作品がけっして嫌いなわけではありません。シューマンのピアノ曲のいくつか（「幻想曲」「交響的練習曲」「幻想小曲集」など）は私の愛聴盤ですし、プロコフィエフの「交響曲第一番《古典》」や「ピアノソナタ第六～八番《戦争》」、バレエ音楽「ロミオとジュリエット」、バルトークの「ミクロコスモス」「弦楽器、打楽器とチェレスタの音楽」は私のお気に入りです。ヴェルディのオペラのいくつかは舞台でも観ていますし、「椿姫」「ファルスタッフ」「オテロ」も聴きます。今回のシリーズから彼らが落ちてしまったのは、たまたまです。

マーラーの評価と好み

ただ、ここですこしばかりの勇気を出して申し上げますが、私はマーラーの交響曲にはあまり惹かれません（歌曲は別です）。

日本のクラシック音楽愛好家の間でのマーラーの交響曲の人気は高く、多くのファンの支持がありますが、私は正直に言えば、「交響曲第一番《巨人》」と「交響曲第二番《復活》」以外は、どれも退屈な曲に感じます。こんなことを書けば、世のマーラーファンから総スカンを食い、また書店でこのコラムを読んだ人には、即刻、書棚に戻されてしまうかもしれませんが、これは偽《いつわ》らざる気持ちです。

もちろん私はマーラーの交響曲は全曲聴いていますし、コンサート会場でも何度も聴いています。交響曲全集のＣＤは何組も持っています。マーラーに関する本は何冊も読みましたし、妻アルマの自伝も読んでいます。

彼の人生は苦難に満ちたもので、反ユダヤ主義が吹き荒れた一九世紀末のヴィーンで、ユダヤ人として宮廷歌劇場（現在の国立歌劇場）の音楽総監督にまで上り詰めた戦いはまさに英雄的なものでした。オペラ指揮者としての才能は破格なものであったという多くの証言が残されています。

モーツァルトのオペラを復活させたのも彼だったし、ベートーヴェンのオペラ「フィデリオ」で二幕のクライマックス直前に「レオノーレ序曲第三番」を演奏するという方式（驚くほど効果的な演出であり今日でも行なわれている）を編み出したのも彼でした。またそれまで慣習的に多くのカットがなされていたヴァーグナーの楽劇を、カットなしで大成功させています。

一四人兄弟の半分が幼くして亡くなっていることや、近親者に精神障碍者がいたことから、常に死の影と狂気に怯え、また前述のように反ユダヤ主義者たちに叩かれ、後年は妻の不貞にも悩まされました。晩年にはフロイトの精神分析も受けています。そんな人生を生きてきたマーラーの音楽が軽いものであるはずがありません。彼は交響曲で人生の苦悩を表現しようとしていました。

しかし個人的な感想で申し訳ありませんが、マーラーの曲には構成力の欠如が見られるように思います。それと統一感のなさを感じます。まるで異なる美意識で作られた曲を継ぎ合わせたように聴こえるのです。乱暴な喩えをすると、一枚のキャンバスに水墨画と油絵と水彩画が描かれた絵のように見えるのです。部分的には美しい音楽がいくつもあるのですが、全体として聴くと、凄くアンバランスな曲に聴こえるのです。「交響曲第五番」も「同第六番」も統一感のなさが気になります。

もっとも世のマーラーファンは、「そこがマーラーの魅力なんだ！」と仰るかもしれません。その意見には反論しません。ただ、私はどうしても惹かれないのです。マーラーファンの皆様、ご容赦いただきたい。

第三章

天才が最後に見た世界

私は「はじめに」で作曲家たちの晩年の作品は聴衆のためではなく、自分のために書かれたような作品が多いと書きました。それだけに、そこには彼らの心境や感情が率直に表れているような気がします。それは「この世に別れを告げる哀しみ」であったり、あるいは「死を受け入れた諦観」であったりします。彼らの最晩年の音楽からは、若い頃や壮年期の作品とはまるで違う響きが聴き取れます。

彼らは人生の最後に、何を見ていたのでしょうか。

モーツァルト「ピアノ協奏曲第二七番」

すべての色彩を取り除いた、透明な曲

モーツァルト最後のピアノ協奏曲

私はモーツァルト（一七五六―九一）の真髄はオペラにあると見ていますが、同じくらい素晴らしいのはピアノ協奏曲です。正直に言えば、交響曲よりもずっと素晴らしいと思っています。

モーツァルトが作曲した曲のほとんどは、他人に頼まれて作ったものです。その際、彼は依頼してきた演奏家や歌手のレベルに合わせて書きました。それでいとも簡単に名曲を書き上げてしまうのですから、まさに一流の腕を持った「職人」と言えます。「ピアノソナタ　ハ長調（K545）」は、ピアノの家庭教師をしていた娘のために書かれた、初心者でも弾ける易《やさ》しいソナタですが、現代の一流のピアニストが真剣に取り組む曲でもあります。晩年の傑作オペラ「魔笛」には、現代のソプラノでも怖気《おじけ》づく超絶技巧のアリアがありますが、モーツァルトがそれを書いたのは、初演したシカネーダーの劇団に、それを歌える歌手がいたからです。

ところが、ピアノ協奏曲は他人のために書いた曲ではありません。子供の頃の試作と、いくつかの例外を除いて、自分の演奏会用に書かれたものが大半です。

つまり自らが指揮してピアノを弾くわけで、自身の音楽性とピアノ技巧を見せつける曲とも言えます。そこには依頼者の好みや演奏家の技術を気にすることもありません。極論すれば、モーツァルトが本当に書きたいように書いた曲がピアノ協奏曲というジャンルであったと言えます。

事実、彼は十代後半から見事なピアノ協奏曲を書いていましたが、二十代半ばあたりからは同時代の作曲家が足元にも及ばない名曲を生み出すようになりました。そして二九歳の時に「ピアノ協奏曲第二〇番 ニ短調（K466）」という大傑作を書きます。その曲とほぼ同時に書かれた「第二一番（K467）」もため息が出るほど美しい曲です。同じ年に書かれた「第二二番（K482）」と翌年に書かれた「第二三番（K488）」も信じられないほどの傑作です。そして「第二三番」と同じ年に作られた「第二四番（K491）」で頂点をきわめます。ただ、この曲はあまりにも暗く、当時の聴衆には理解されませんでした。このあたりからモーツァルトの人気は徐々に衰《おとろ》えていきます。

その年の暮れに書かれた「第二五番（K503）」は一転して華麗で雄大な曲で、高名な音楽学者のアルフレート・アインシュタイン（物理学者アルバート・アインシュタインの従兄弟《いとこ》）は「ジュピター交響曲に匹敵するほどの傑作」と言っています。前の「第二四番」に引けを取らない名曲です。ところがこのあと、彼はピアノ協奏曲を一年以上書いていません。その理由は、演奏会を開こうと思っても、客が集まらなかったからです。

三四歳の時、新作の「第二六番（K537）」と旧作の「第一九番（K459）」の楽譜を引っ提《さ》げて、フランクフルトで行なわれたレオポルト二世の戴冠式に合わせて演奏会を行ないましたが、客はほとんど集まりませんでした。逼迫《ひっぱく》する経済状況の回復と人気挽回を目指して、旅費を借金してまで勝負をかけたのに、大きな赤字をこしらえただけに終わりました。

この時、モーツァルトが妻に宛《あ》てた手紙は涙なしには読めません。そこにはこんな文章が書かれています。

「いま、書いている手紙の上に、涙が次から次に落ちている。元気を出さなくては……つかまえろ……キスがたくさん飛び回っているぞ……ちくしょう……まるでキスの団体だな、ハ、ハ、ハ……やっと三つ、つかまえたぞ……こいつは貴重品だ……」（石井宏著『モーツァルト タイムカプセルの旅』音楽之友社）

泣きながら冗談を言っているモーツァルトの姿が目に浮かぶようです。この時、彼に残された時間は多くはありませんでした。彼はその一年後に亡くなるからです。

なお、「第二六番」は「第二〇番」以降の傑作群と比べると内容が落ちるという意見がありますが、私はそうは思いません。確かに当時のヴィーンの聴衆の趣味に迎合したように見える一面もありますが、華やかな名曲だと思います。

翌年、モーツァルトは友人のクラリネット奏者ヨーゼフ・ベーアから出演依頼を受けて、演奏会を行ない、そこで新作の「第二七番（K595）」を弾きました。この演奏会が彼の最後の演奏会となり、同時にこの曲が彼の最後のピアノ協奏曲となりました。前置きが少々長くなりましたが、今回、紹介するのはこの曲です。

彼岸の音楽

「ピアノ協奏曲第二七番」はそれまでのピアノ協奏曲とはまるで違います。「第二〇番」で見せたような劇的なものはないし、「第二一番」で描いた官能性もありません。「第二三番」の愉悦もなければ、「第二三番」の甘さもありません。「第二四番」の暗さも、「第二五番」の雄大さも、「第二六番」の華やかさもありません。

「第二七番」は、すべての色彩を取り去ったような透明感に満ちた不思議な曲なのです。またオーケストラの編成がとても小さい。無駄を削ぎ落としたようなシンプルな編成です。そして、ピアノも華麗な技巧を見せつけるようなところは微塵もありません。とても単純な音で淡々と奏でられるのです。若い時にしばしば見せたケレンや遊びも皆無です。

実はこの曲と同様、死の年に作られたモーツァルトの曲の多くが「枯淡《こたん》の境地」とも呼びたくなるような静謐《せいひつ》な響きの音楽です。これは「クラリネット協奏曲」「ホルン協奏曲第一番」、合唱曲「アヴェ・ヴェルム・コルプス」、オペラ「魔笛」など、その年に作られた曲のほとんどに通じます（死によって未完に終わった「レクエイム」だけはすこし違うが）。

この年、モーツァルトは経済的な困窮の度合いを増していました。加えて体調も良くありませんでした。それでも彼は必死で生活を立て直そうとあがき、将来に対する夢も持っていました。しかし——彼は心の奥で、もしかしたら自分の命はもう長くないと悟っていた部分があったのかもしれません。そうとでも思わなければ、死の年になって突然、澄み切ったような曲を次々と生み出す理由がわかりません。

第一楽章は秋の空を思わせます。蒼穹《そうきゅう》と呼びたいような美しく透《す》きとおった青です。全体は長調ですが、哀しい空気に満ちています。オーケストラも華やかな音は出しません。ピアノもまた技巧を見せつけたりはしません。それどころかピアノ協奏曲最大の見せ場を封印しているような感じです。展開部で一瞬だけ短調になりますが、すぐに長調に変わります。しかし哀しい空気は変わりません。ヴァイオリンがすすり泣くような伴奏の中に、ピアノが駆け上がる様は、聴いていて胸が締めつけられる思いがします。

第二楽章のラルゲット（ラルゴ［幅広く、ゆるやかに］より速く）は、幼い子供がぽつりぽつりとピアノを叩いているような素朴な音楽です。しかしこれぞ天才モーツァルトの音楽なのです。

第三楽章のロンド（同じ旋律を繰り返す形式）は軽快で明るい音楽です。この主題はまるで天国で子供がスキップしながら戯《たわむ》れているように聴こえます。そうとしか思えないほどの無邪気な明るさに満ちています。しかしよく聴いていると、そこにもまた本当の明るさはないことに気づきます。この天国はモーツァルトの想像の世界で作り上げた世界なのです。彼は天国を夢見ているにすぎないのです。悲しい現世にあって、想像の世界で愉悦を求めているのです。「ピアノ協奏曲第二七番」はしばしば「彼岸《ひがん》の音楽」と言われます。現世の苦しみや悲しみから解脱《げだつ》したような曲だからです。

モーツァルトはこの曲を書き終えた直後、第三楽章の主題を、「春への憧れ（K596）」という歌曲のメロディーで使っています。暖かい春への憧れを歌ったこの曲は、まさしくこの時のモーツァルトの心境だったのではないでしょうか。前記のアインシュタインは、「これが最後の春だということを自覚した諦念の明朗さ」と言っています。事実、モーツァルトは翌年の春を迎えることはありませんでした――。

余談ですが、日本の唱歌「早春賦」は「春への憧れ」とそっくりのメロディーです。もしかしたら作曲者はモーツァルトの「春への憧れ」に対するオマージュとして作ったのかもしれません。ついでに言うと、「知床旅情」は「早春賦」にそっくりです。

ところで、第一楽章と第三楽章には、珍しくモーツァルト自身が書いたカデンツァが残されています。カデンツァは、ピアニストが名人芸を披露するソロ部分ですが、「第二七番」のカデンツァには、そんなところは微塵もありません。カデンツァはただ音楽の流れを素直に受け継ぎ、自然に流れていきます。もはやモーツァルトの中には、聴衆に聴かせるという気持ちはなかったのかもしれません。そう、この協奏曲は彼自身のために書かれたものだと私は思っています。

底知れぬ孤独感を表現

「ピアノ協奏曲第二七番」は名盤の宝庫です。いや、一流ピアニストの弾くものなら、何を聴いてもまず外れがありません。言い換えれば、それだけ曲が素晴らしいということでもあります。それでもいくつか私のお気に入りのCDを挙げます。

その前に一つ言っておくことがあります。モーツァルトが子供の頃はまだピアノはなく、彼はチェンバロを弾いていました。したがって初期のピアノ協奏曲は実はチェンバロ協奏曲でもあります。青年期にはクラヴィーコードというピアノに似た楽器も弾いていましたが、ピアノを弾くようになるのはおそらく二十代に入ってからです。当時のピアノ(「ピアノフォルテ」と言った)は、現代のピアノとは音域も音色もまったく異なる楽器です。そこで現代はモーツァルトのピアノ協奏曲を当時の楽器(クラヴィーコードや古いピアノフォルテ）で弾こうとする流行があり、最近はそうした楽器による演奏も録音されていますが、私自身は圧倒的に現代ピアノで演奏するほうが素晴らしいと思っています。もし、モーツァルトがタイムマシンで現代にやってきたら、きっと現代ピアノでの演奏を好んだのではないかと勝手に想像しています。それでここで挙げるCDはすべてピアノで弾かれたものです。

クリフォード・カーゾン（ピアノ。以下P）とベンジャミン・ブリテン指揮イギリス室内管弦楽団の演奏が最高にいい。オーケストラもピアノも「美の極致」と言いたくなるほど美しい。

内田光子（P）とジェフリー・テイト指揮イギリス室内管弦楽団の演奏も素晴らしい。繊細なオーケストラに優しいピアノ、まさしくこの曲の演奏にぴったりと合っています。

ロベール・カサドシュ（P）とジョージ・セル指揮クリーヴランド管弦楽団の演奏は、晩年のモーツァルトの底知れぬ孤独を表現したような寂寥《せきりょう》感《かん》に満ちたものです。

アルフレート・ブレンデル（P）とネヴィル・マリナー指揮アカデミー室内管弦楽団、フリードリヒ・グルダ（P）とクラウディオ・アバド指揮ヴィーン・フィルハーモニー管弦楽団、エミール・ギレリス（P）とカール・ベーム指揮ヴィーン・フィルハーモニー管弦楽団の演奏も、文句のつけどころがありません。

録音の悪ささえ気にしなければ、クララ・ハスキル(P)とフェレンツ・フリッチャイ指揮バイエルン国立管弦楽団の演奏はぜひ聴いてもらいたい。速いテンポで演奏されますが、ハスキルの玉を転がすようなピアノの音が息を呑《の》むほど美しい。

また、この曲はピアニストが自分で指揮をしながらピアノを弾く演奏も多い。ウラディーミル・アシュケナージ(フィルハーモニア管弦楽団を指揮)、マレイ・ペライア(イギリス室内管弦楽団)、ダニエル・バレンボイム(ベルリン・フィルハーモニー管弦楽団)のCDも素晴らしい。

ブラームス「クラリネット五重奏曲」

過去を慈《いつく》しみ、儚《はかな》さを感じる曲

ブラームスの本質

ブラームス(一八三三―九七)は一見、捉えどころのない作曲家に見えます。こんなことを書けば、世のブラームス好きには怒られるかもしれませんが、有名な四つの交響曲(第一〜四番)には共通点がないように聴こえます。また二つの偉大なピアノ協奏曲(第一、二番)も同じ作曲家が書いたものとは思えないほど似ていません。

ブラームスは時に重厚で雄々しく男性的かと思うと、時には感傷的で女性らしい繊細さがあります。激しく闘争的であるかと思えば、悲しげに愚痴《ぐち》をこぼしているような時もあります。もちろん作曲家が作品ごとにさまざまな顔を見せるのはよくあることで、上記の表現は、どの作曲家にも当てはまると言えます。しかしクリエイターというものは、異なる作品を生み出しても、その人ならではの「本質」とでも呼ぶべきものがあります。ブラームスの場合、いったいどれが彼の本質なのか見えにくいのです。

ブラームスはよく知られているように、ベートーヴェンを強く意識していた作曲家です。これは「交響曲第一番」のところで書いたことですが、ブラームスはベートーヴェンのような「闘争から勝利へと向かう曲」を書こうとする気持ちが強すぎて、自分が本来持っている個性を抑制していたような気がしてならないのです。

その典型が構想から完成まで二一年かけた「交響曲第一番」ですが、肩の力を抜いて書いたと言われる「第二番」と「第三番」も、私にはやはり闘争的な面が表れているように聴こえます。あえて言えば、外に向かって放射していく曲と、内に向かって沈潜していく曲が奇妙に入《い》り交《ま》じっているように聴こえるのです。それがブラームスの個性ではないかと言われればそれまでですが、私にはそうは思えません。ベートーヴェン的な曲への憧れが、作品の中に異質な形で顔を出しているような気がしてならないのです。

ブラームスの本質は内に沈潜していく音楽ではないかと私は思っています。その証拠に、彼は年を取るごとに、闘争的で外に向かっていく曲が少なくなり、よりブラームスの個性が色濃く出てきているからです。それはベートーヴェンのように哲学的なものではなく、個人的な感傷に近いものだという気がします。交響曲では最後の「第四番」こそがもっともそうした個性が表れた曲だと思います。もちろん、多くの反論があることは承知で書いています。しかし私にはそう聴こえるのです。そして彼の交響曲では「第四番」こそが最高傑作と思っています。

私がブラームスの多くの曲の中で、もっとも彼らしい曲と思うのは、彼が五八歳の時に書いた「クラリネット五重奏曲」です。ここにはもうベートーヴェン的なものはどこにもありません。ブラームスがあるがままの姿で自らの音楽を語っています——少なくとも私にはそう聴こえます。

実はその前年、彼は友人へ向けた手紙で、もう交響曲のような精力を必要とする大作を作るのはやめようと思うと書いています。実際、ブラームスは遺書を書き、草稿の整理などを行なっています。

クラリネットと弦楽四重奏で演奏される「クラリネット五重奏曲」は、諦観と寂寥感に満ちた不思議な曲です。過ぎ去った過去を懐《なつ》かしむようなしみじみとした味わいがあり、夢見るような甘い切なさがあるいっぽうで、儚い悲しさのようなものを感じさせます。

第一楽章は、秋の夕暮れに木の葉が落ちるような旋律から始まります。どことなく「交響曲第四番」の冒頭の雰囲気に似た感じがあります。何度も声を出して泣いているのかと思わせる部分がありますが、曲全体はまだ明るさが残っています。しかしそれは夕暮れの明るさです。

第二楽章のアダージョは夜の音楽です。ここでクラリネットが奏でる旋律は聴く者の心に染み入ります。しばしば「真の愛の歌」とも呼ばれるメロディーですが、私には、愛というよりも、悲しさを突き抜けたあきらめのような音に聴こえます。ここにはもはや涙さえもありません。この哀切きわまりないメロディーは、一度でも聴けば忘れられないでしょう。

第三楽章は陰影に満ちたアンダンティーノ（アンダンテ［歩くような速さで］より速く）で始まりますが、中間部のプレスト（急速に）の部分は、心が掻き乱されるような妖《あや》しさがあります。

終楽章は変奏曲です。まさに年老いた男が青春を回想するような主題が、五つの変奏曲に展開されていきます。人生のさまざまなシーンが各変奏曲で現れてくるようです。最後は第一楽章の旋律が顔を出して静かに終わります。

ミュールフェルトとの出会い

ところで、作曲を半ば断念していたブラームスの気持ちを揺るがせ、再び作曲に向かわせたのは、リヒャルト・ミュールフェルトというクラリネット奏者であると言われています。

ミュールフェルトはもともとヴァイオリン奏者でしたが、クラリネットを独学で学び、やがてヨーロッパ一のクラリネット奏者となり、のちに指揮者としても活躍する多才の音楽家です。クラリネットの演奏技術はもちろん、その音色と表現力は圧倒的だったと伝えられています。同時代の有名なヴァイオリニストのヨーゼフ・ヨアヒムをして「表現力ではミュールフェルトにかなわない」と言わせたほどです。

ブラームスは一八九一年にミュールフェルトに出会い、その演奏に魅了され、その年に「クラリネット三重奏曲」「クラリネット五重奏曲」という名曲を立て続けに書いています。またそのあとには、クラリネットの曲ではありませんが、作品116から作品119の四つのピアノ小品集を書き、「四つの厳粛な歌」を書いています。これらの曲は、ブラームス晩年の傑作として知られています。いずれもブラームスならではの世界が描かれていて、その音楽は他の誰にも似ていません。

ブラームスの伝記や評伝には、必ずと言っていいほど、彼が晩年に創作意欲を蘇《よみがえ》らせたのはミュールフェルトとの出会いであると書かれています。ブラームスは、このクラリネット奏者のことを「ミュールフェルト嬢」「私のプリマドンナ」「オーケストラのナイチンゲール（鶯《うぐいす》に似た声の美しい鳥）」などと呼びました。「リヒャルト」という名前からもわかるように、ミュールフェルトはれっきとした男性です。ブラームスがそう呼んだのは、彼のクラリネットがあまりにも繊細で艶《あで》やかな音色を持っていたからでしょう。演奏会のパンフレットなどで、ごく稀《まれ》にミュールフェルトを女性と勘違いして書いている紹介文もあるのはご愛敬です。もちろん二人は同性愛者でもありません。

ところで、日本ブラームス協会会員で、ご自身もクラリネットを吹く五味春生《ごみはるお》氏が、従来の説に疑問を唱えるコラムを二〇〇五年一〇月に発表しています。五味氏は、二人の出会いは一八九一年ではなく、それよりも一〇年前の一八八一年ではないかと推論しています。

ミュールフェルトは一八七九年からマイニンゲンの宮廷楽団の首席クラリネット奏者を務めていましたが、一八八一年にブラームスが同地を訪れています。前年に同楽団の指揮者に就任したハンス・フォン・ビューロー（ブラームスの良き理解者で友人でもあった）を訪ねてのものでしたが、この時、おそらくブラームスはビューローが同楽団を指揮するのを聴いたと思われます。すると、ミュールフェルトの演奏を耳にしていた可能性は十分にあります。仮にこの時に聴いていなかったとしても、一八八四年からブラームスはビューローと共に、同楽団を率いてヨーロッパ各地に演奏旅行に出かけているので、まず間違いなくミュールフェルトの演奏を聴いています。

一八八五年、ブラームス自身がのちに「私の最高傑作」と呼ぶ「交響曲第四番」を書いていますが、その第二楽章には実に美しいクラリネットのソロがあります。これはミュールフェルトの演奏を念頭に置いて作曲したのではないでしょうか。しかもこの曲は同じ年にブラームス自身の指揮でマイニンゲン宮廷楽団によって初演されています。この時、クラリネットのソロを吹いたのはミュールフェルト以外に考えられません。

以上のことから、従来の一八九一年に出会ったという説は違うのではないかというのが五味氏の推論ですが、この意見には私も全面的に同意します。

では、なぜ一八九一年に二人が出会ったという説が広まったのでしょうか。

これは同年にブラームスがクララ・シューマン（ピアニストにしてシューマンの妻）に宛

てて書いた手紙の中に、「同地のミュールフェルト以上に美しいクラリネットを吹くことは誰にもできません」という文章があったからだと思われます。前年に作曲活動を断念し、一年間何も書いていなかったブラームスが翌年、「クラリネット三重奏曲」「クラリネット五重奏曲」という二つのクラリネット曲を立て続けに書いた事実と、クララへの手紙と照らし合わせ、ミュールフェルトこそ晩年のブラームスを蘇らせた人物であると、多くの研究者が結論づけたのかもしれません。いったん伝記学者の手によって書かれると、いつのまにかそれが定説となることはよくあることです。

ブラームスがミュールフェルトとの出会いで創作意欲を取り戻したのではないとすれば、晩年の傑作は彼の自発的な創作意欲の賜物《たまもの》と言えます。つまりこれらの傑作は、彼がようやく辿り着いた境地だったのです。この時、ブラームスは五八歳でした。実は彼の生涯の目標であり、同時に重圧ともなっていたベートーヴェンは五六歳で死んでいます。これは偶然かもしれませんが、ベートーヴェンの年齢を追い越してはじめて、ブラームスの中で何かが吹っ切れたのではないかと私は思っています。

クラリネット名奏者のほとんどが録音

「クラリネット五重奏曲」は、昔から名のあるクラリネット奏者のほとんどが録音しています。その意味では世に出ているCDはすべて名盤と言えますが、その中でも古典的名盤とされているのが、ヴィーン・フィルハーモニー管弦楽団の首席奏者であったレオポルト・ウラッハ（クラリネット。以下Cl.）とヴィーン・コンツェルトハウス弦楽四重奏団の演奏です。ウラッハのクラリネットの独特の渋《しぶ》い音色が曲に驚くほどマッチしています。

アルフレート・プリンツ（Cl.）とヴィーン室内合奏団のメンバーの演奏も素晴らしい。プリンツはウラッハの弟子ですが、もしかしたらテクニックは師匠よりも上かもしれません。

二二歳の若さでベルリン・フィルハーモニー管弦楽団の首席奏者となったカール・ライスター（Cl.）はこの曲を六回も録音しています。私は全部は聴いていませんが、アマデウス弦楽四重奏団と組んだ演奏は素晴らしいものです。

チャイコフスキー「交響曲第六番《悲愴》」

甘くて悲しい、独創的な世界

最高傑作は晩年にあり

何で読んだか忘れましたが、日本人がもっとも好きな交響曲はピョートル・イリイチ・チャイコフスキー（一八四〇―一九三）の「交響曲第六番《悲愴》」だそうです。複数の本や音楽雑誌で見た記憶がありますが、もしかしたらソースは一つかもしれません。真偽のほどはともかく、この曲が大変な人気曲であることは間違いありません。私の周りにいる普段クラシック音楽など興味がないという女性からも、「《悲愴》は好き」という言葉をたまに聞きます。ベートーヴェンやブラームスは聴かなくても、です。

ただ、それゆえか「通《つう》」を気取るクラシック音楽愛好家の前で「《悲愴》が好き」とでも言うと、「ふん」と、どこか小馬鹿にした目で見られる場合もあります。要するにミーハー的な通俗曲と一部で見做されている曲でもあるのです。しかし《悲愴》は大変な名曲です。私は『クラシックを読む1』で「白鳥の湖」がチャイコフスキーの最高傑作だと書きましたが、一般には《悲愴》こそ彼の最高傑作と言われています。もちろん私もそれに異を唱えるつもりはありません。

《悲愴》は彼の作った最後の交響曲です。すこし話が逸れますが、「クリエイター」と呼ばれる人たち——小説家、詩人、映画監督、マンガ家などは、いずれも全盛期と呼ばれる時代があります。彼らは年齢を重ねると技巧を増して円熟していきますが、それが必ずしも作品の向上につながっていくとは限りません。むしろ若い時の情念で作った作品や、壮年期の充実した作品が晩年の作品を上回っているケースが少なくありません。

ところがクラシック音楽の作曲家、特に交響曲作家の場合においては話が異なります。彼らは不思議なことに、年を取れば取るほど、また技巧を身につければつけるほど、曲の質が向上していきます。

たとえばモーツァルトは交響曲を五〇曲前後作曲していますが（数には諸説あり）、最後に作った三曲（第三九〜四一番）はそれまでの曲を凌駕《りょうが》する傑作です。ベートーヴェンの

「交響曲第九番《合唱付》」も彼の最後の交響曲だし、ドヴォルジャークの超人気曲「交響曲第九番《新世界より》」も彼の最後の交響曲です。ブルックナーの最高傑作は最後に完成した「交響曲第八番」だし、次に書いた未完で終わった「同第九番」もそれに優るとも劣りません。シューベルトも最後の「交響曲第八番」は《ザ・グレート》と呼ばれるほどの名曲です。ブラームスとシューマンは四曲しか交響曲を作りませんでしたが、いずれも四番目の曲が圧倒的に素晴らしい。

どうやら交響曲に関しては、作曲者が年齢を重ねて経験と技巧を積むにしたがって、より高い次元の曲へと発展するようです。

クラシック音楽の作曲家の晩年に至ってのさらなる進化を見ると、小説家としては羨望を感じないではいられません。私も及ばずながら、年齢を重ねることにより、すこしでもいい作品を書いていきたいと思います。

自殺大国・日本で人気が高い理由

閑話休題。チャイコフスキーの最後の「交響曲第六番《悲愴》」もまた、彼の頂点をきわめた作品です。「交響曲第四番」「同第五番」も素晴らしい作品ですが、《悲愴》は前二曲とは明らかに一線を画します。すべてが独創的で、まったく新しい世界に突入しているのです。

第一楽章は実に重苦しい序奏で始まります。チャイコフスキー自身が「レクイエム（死者のためのミサ曲）風に」と語ったと言われますが、まさに「悲愴」というイメージです。実はこの序奏のメロディーは、ベートーヴェンの「ピアノソナタ第八番《悲愴》」の序奏によく似ています。もしCDをお持ちなら、聴き比べてもらいたい。もしかしたら、チャイコフスキーはこの曲の序奏からヒントをもらったのかもしれません。第一主題は序奏のメロディーが発展したものです。

それらがさまざまな楽器で演奏され、やがて第二主題が登場すると、聴く者ははっとするはずです。それはもう喩えようもないほど甘美でうっとりするようなメロディーです。チャイコフスキーならではのロマンティックかつメランコリックなもので、これを聴くと、彼以外の誰もこんなメロディーは書けないとさえ思います。

第一主題と第二主題以外にも、美しい旋律がふんだんにちりばめられています。ベートーヴェンは一つの動機を徹底的に使い回しますが、チャイコフスキーはそんなことをしなくても次から次へと新しいメロディーが出てくる感じです。チャイコフスキーを聴く喜びは、そこにあると言えるし、それがまた「通俗的」と言われる理由かもしれません。

しかし《悲愴》の場合はそれだけでは終わりません。曲の半ばに、突然、フォルテの全合奏と共に恐ろしい響きが顔を出します。それは甘い夢をぶち壊す嵐のような音楽です。第一主題も恐ろしい形に姿を変えて襲いかかります。さきほどまでの幸福な世界は完全に消え去り、まるで苦悩と絶望の底に沈んでいくような音楽が展開します。これを聴くと《悲愴》というタイトルの意味もわかるような気がします。しかし最後には再び甘美な第二主題が救済するかのように現れ、傷ついた者を癒すように第一楽章は終わります。

続く第二楽章はワルツです。しかしドイツ風の三拍子のリズムではなく、四分の五拍子という混合拍子ですが、これはスラブの音楽にはよくあるリズムだということです。この楽章を聴いていると、彼のバレエ音楽「くるみ割り人形」に出てくるさまざまな舞曲を思い出しますが、《悲愴》の場合はどこか悲劇的な響きが全体を覆っています。

第三楽章はスケルツォと行進曲が交互に現れる何とも奇妙な楽章です。これまで交響曲の中にこんな楽章を入れた作曲家はいません。まず不安を煽るようにスケルツォが奏されますが、やがて行進曲が始まります。そしてスケルツォを挟んで、もう一度行進曲が現れます。この二度目の行進曲の迫力は凄い。それはまるで無敵の軍隊の行進のようです。そして圧倒的勝利の中に、華々しいコーダを迎えて、輝かしく終わります。

もし《悲愴》をはじめて聴く聴衆ばかりを集めてコンサートを開いたら、この楽章の最後で会場には壮大な拍手が起こることは間違いないでしょう。それほど、この楽章の終わりは華やかです。実際、コンサート会場で、第三楽章の終わりで聴衆が拍手した場面を何度か見ています。私事で申し訳ないが、愚息はクラシック音楽にあまり関心を示しませんが、第三楽章はお気に入りで、時々その部分だけを聴いています。息子に言わせると、この部分を聴くと、気分が高揚するとのことです。

しかしこれはあくまで《悲愴》という交響曲の一つの楽章にすぎません。だからやはり全体の中のピースとして聴くのが正しいと思います。

そして、いよいよ問題の終楽章です。問題と書いたのは、この楽章が交響曲の常識を破ったものだからです。ハイドンの時代から、交響曲の終楽章は快活に終わるというのが一つの約束事でした。速度記号で言えば「アレグロ（速く）」です。別にこれは決まっているわけではありませんが、大曲のラストは聴衆にカタルシスを与えるべく、颯爽《さっそう》と始まり、華々しく終結するというのが自然だからです。

ところが《悲愴》はそうではなく、速度記号は「アダージョ（ゆるやかに）」です。ちなみに、そのあとに「ラメントーソ（悲しげに）」と書かれています。実はこのアダージョという速度記号は作曲者自身が書いたものではなく、のちの人が書き直したということが最近明らかになりました。もともとは「アンダンテ（歩くような速さで）」と書かれていたということです。もっともアダージョであろうとアンダンテであろうと、それは感覚の問題ですから、演奏者が自分の好みのテンポを取ればいいだけの話ではありますが。いずれにしても、《悲愴》はこの終楽章が全曲の白眉です。

第一主題の旋律は何と形容したらいいのでしょう。嘆《なげ》きの歌のようにも聴こえますが、そこには悲しみの中にも一筋の小さな希望の灯《ひ》があるようにも聴こえます。そして次に現れる主題は、人生をあきらめたようなメロディーにも聴こえます。もちろん、これらの形容はすべて私の主観です。音符には言葉が書かれているわけではありません。だから、私とまるで違う感想を持つ人がいても不思議ではありません。

さらに主観を続けると、この終楽章は、悲しみと絶望の暗い夜の森の中で、なおも希望にすがりつきながら、一人の男（チャイコフスキー自身？）が彷徨い歩く音楽にも聴こえます。そして曲は、そんな彷徨《ほうこう》の中に静かに終わります。はたして彼は迷いの森から抜け出たのか、それとも森の中に朽《く》ち果てたのか、あるいは永遠の彷徨の中に消えて行ったのか――。音楽はいっさい何も語らずに終わるのです。

この曲には不思議なエピソードがいくつかあります。たとえば、フォン・ミューレンダールというドイツの精神科医が、精神科病院の入院患者にいろいろな音楽を聞かせる実験を行なったところ、《悲愴》を流した場合、内因性鬱病《うつびょう》患者の症状が悪化し、時には自殺しようとした者もいたそうです。

にわかには信じられない話ですが、そういうこともあるかもしれないと思わせる話でもあります。それほど、この曲は暗い情念が全編を覆っています。実はチャイコフスキー自身、二六歳から五二歳で亡くなるまで鬱病を一二回発症しています。もしかしたら《悲愴》の中には、鬱病の人が共感する何かが存在するのかもしれません。そうすると自殺大国である日本で特に人気が高いというのは妙に説得力があります。

この曲が初演された九日後に、チャイコフスキーは急死しています。『クラシックを読む1』の「白鳥の湖」のところでも書きましたが、長い間、チャイコフスキーは自殺と思われていました。原因は、彼がある貴族の若者と同性愛関係にあったことが知られ、その不名誉が公になる前に自ら命を絶《た》ったというものです。しかし今日の研究ではそれは否定され、本当の死因はコレラによるものというのが定説となっています。ただ、彼が同性愛者であったのは事実のようです。

七回もスタジオ録音したカラヤン

《悲愴》もまた、名盤の宝庫です。ヘルベルト・フォン・カラヤンはこの曲を得意としていて、何と生涯に七回もスタジオ録音しています。すべて名演ですが、中でも一九七一年のベルリン・フィルハーモニー管弦楽団の演奏が素晴らしい。指揮もいいが、何より驚くのはベルリン・フィルの超絶的な上手さです。当時の同楽団の音の美しさ、アンサンブルの正確さは世界最高と言ってもいいかもしれません。第三楽章の迫力には度肝を抜かれます。

他にはゲオルク・ショルティ指揮シカゴ交響楽団、エフゲニー・ムラヴィンスキー指揮レニングラード・フィルハーモニー管弦楽団、オットー・クレンペラー指揮フィルハーモニア管弦楽団の演奏も、文句のつけどころがありません。

ヴィルヘルム・フルトヴェングラーがベルリン・フィルハーモニー管弦楽団を指揮して一九三八年にSP盤に吹き込んだ演奏もいい。七〇年以上昔の録音ですが、音は悪くても一聴に値《あたい》します。フルトヴェングラーはチャイコフスキーのことを「陳腐《ちんぷ》な作曲家」と評していましたが、この演奏は《悲愴》の精神を見事に表した名演であると思います。

小澤征爾《おざわせいじ》指揮ボストン交響楽団の演奏もいい。レナード・バーンスタインが晩年にニューヨーク・フィルハーモニックを指揮した演奏は、終楽章を一七分以上もかけたもの凄いものですが（普通は九分前後）、聴けば不思議な感動があります。

シューベルト「ピアノソナタ第一九～二一番《遺作》」

亡くなる二ヵ月前に作曲、「死」を描いた傑作

三曲を一ヵ月で作曲！

クラシック音楽史上もっとも美しいピアノ曲を書いた男は誰か、と問われたら、私は躊躇《ちゅうちょ》なくシューベルト（一七九七―一八二八）の名を挙げます。

シューベルトのピアノ曲は、まるで美の神が降りてきたかと思いたくなるような美しいメロディーを持ち、時に優美に、また時には激しく、また時にはすすり泣くような切なさを持っています。即興曲（全部で一一曲）や「楽興《がっきょう》の時《とき》」などの小品では、その魅力がいかんなく発揮されています。彼のピアノ曲を聴くと、ピアノという楽器はこれほどまでに美しい音を奏でることができるのかとため息が出るほどです。

ただ、そんな彼も多くの楽章からなるピアノソナタを書くのは苦手としていました。特に若い頃は何度も作曲途中で投げ出してしまい、未完に終わった曲も少なくありません。しかし徐々に構成力を身につけ、美しい抒情性を持ったピアノソナタを次々に生み出していきました。そして晩年に至って（といっても二十代の後半だが）、ベートーヴェンでさえ描くことができなかった独特の不思議な世界を作り上げていきました。

本項では、彼が亡くなる数週間前に一気呵成に書いた三つのピアノソナタを紹介したいと思います。

一般には第一九～二一番とナンバーがつけられ、また《遺作》と呼ばれることもあるこの三曲は、シューベルトが到達した世界であり、そのどれもが恐るべき傑作です。この三曲はたったの一ヵ月で書いたと言われていますが、そんなことが信じられるでしょうか。しかも三つともまるで違う音楽なのです。まさしく天才の輝き以外の何物でもありません。私はここにかつてモーツァルトが晩年に、最後の三つの交響曲（第三九～四一番）を一気に書き上げたことに通じるものを感じます。そしてモーツァルトの三つの交響曲がそうであるがごとく、シューベルトの三つのソナタも何かに向かって進んでいるように聴こえます。それは何か――。「死」です。

「ピアノソナタ第一九番」——死の影に覆われた曲

最初の曲「ピアノソナタ第一九番 ハ短調」は、シューベルトが書いたもっとも激烈で闘争的なピアノソナタです。襲いかかる不幸な運命に激しい戦いを挑むような曲です。

第一楽章はいきなり叩きつけるような和音から始まります。怒りと哀しみが混ざり合った、暗い情念に支配されたような楽章です。

第二楽章の緩徐楽章はこの曲中、唯一の長調の楽章であり、一種の安らぎがあります。しかしその中にも不穏な何かが去りません。

第三楽章のメヌエットは優雅な舞曲ですが、破滅の予感が漂う不気味な音楽です。

第四楽章は不安を掻き立てるようなタランテラです。「弦楽四重奏曲第一四番《死と乙女》」のところでも書いたように、タランテラは、毒蜘蛛のタランチュラに嚙まれた時に、その毒を抜くために踊り続けなければならない、ということからつけられた舞曲です。この楽章はそんな「死」の影が全体を覆っています。

「ピアノソナタ第二〇番」——類似曲が見あたらない不思議な音楽

二つ目に書かれた「ピアノソナタ第二〇番 イ長調」は、謎めいた曲です。私は、三つの《遺作》の中では、シューベルトという作曲家の不思議な一面がもっとも表れた曲ではないかと思っています。

第一楽章は「第一九番」同様、激しい調子で始まりますが、随所にシューベルトらしい繊細な面が顔を出します。長調ではありますが、どこかに哀しさが漂っています。

第二楽章の緩徐楽章は、寂しいメロディーで始まりますが、中間部に不気味な恐ろしい曲が現れます。しかしそれは幻想的な響きによって消えていきます。

第三楽章スケルツォはピアニスティックな華麗な曲です。

第四楽章は、私の大好きな曲です。偏愛していると言ってもいいかもしれません。主題はまるで子守歌のように優しさに包まれた慈愛に満ちた曲で、「これぞシューベルト！」と呼びたくなるような愛らしさを持っています。ところが、曲が進んで中間部にさしかかると、突然、別の顔が現れます。この部分がとてつもなく素晴らしい。これをどのように表現したらいいのでしょう。何かを求めて誰かを呼んでいるような曲とでも言いましょうか。それとも、誰かに何かを懇願しているような曲とでも言いましょうか。いや、そうではなくて、誰かと誰かが答えのない質問を交《か》わしているようにも聴こえます。このような書き方しかできない自分の拙《つたな》い表現力がもどかしいのですが、言い訳をさせてもらえば、こんな不思議な音楽は聴いたことがありません。似た曲が思いつかないのです。シューベルトの書いた音楽で、これほど謎めいた曲はないと思っています。

しかし、その呼びかけや願いに対する答えはないままに、再び子守歌のようなメロディーがやってきます。そしてなぜか明るく終わりますが、聴き終えた者の心には明るさは訪れません——。

「ピアノソナタ第二一番」——「終わり」を感じさせる曲

三つ目の「ピアノソナタ第二一番 変ロ長調」はシューベルト自身の最後のソナタですが、この曲を聴いた者は誰でも、もうこのあとにはどんな曲も書かれないという気持ちになるのではないでしょうか。そう思うくらい、この曲は「終わり」を感じさせる曲なのです。

第一楽章は静かな優しいメロディーで始まります。しかしシューベルトらしい「歌」ではなく、どこかに重苦しい響きがあります。美しいけれど、そこには不吉な空気が漂っています。そして不意に「死」を思わせる恐ろしいトリル（二つの音を交互に鳴らす奏法）と和音が現れます。この部分を聴いてぞっとしない者はいないでしょう。美しい花園にいたと思っていたのが、突如、暗闇の世界に放り込まれたような気持ちにさせられるからです。続く展開部と再現部は悲しみに満ちた曲であり、シューベルトが「死」の恐怖に怯えているようにも聴こえます。

ところで、この楽章には「モルト・モデラート（非常に穏やかに）」という速度記号が書かれていますが、ピアニストによって演奏速度が大きく異なります。一〇分余りで弾き終える者もいれば、二〇分以上かけて弾く者もいます。中には三〇分近くかける者もいます。どんな曲でもピアニストによって演奏時間が多少は違うのは当たり前ですが、これほど開きのある曲は滅多にありません。つまり演奏家によって解釈が大きく異なる曲というわけです。このあたりもこの楽章の特異性を表しています。

第二楽章の緩徐楽章は「冥界《めいかい》の音楽」と言ってもいいかもしれません。ここにははっきりと「死」が描かれています。この世を去った者が、ゆっくりとあの世へ旅立っていく姿が目に見えるようです。それは誰か――。シューベルト自身です。実際、彼はこの曲を書いた数週間後に三一歳の若さで世を去ります。

第三楽章のスケルツォと第四楽章のロンドは、前の二つの楽章とはまるで違って、明るい音楽です。しかし私には、心からの明るさには聴こえません。悲しみをこらえながら無理して笑っている音楽のような気がしてならないのです。最後の二つの楽章は演奏時間も合計して一〇分余りです。第一楽章、第二楽章が合わせて二〇~三〇分以上かかるのに対して、あまりにもアンバランスです。実際、音楽的にもこの二つの楽章が圧倒的に素晴らしい。もしかしたらシューベルトは第二楽章を書き終えて、力尽きてしまったのかもしれません。

こんなことを書けば、この曲のファンの人に怒られるかもしれませんが、シューベルトがもし第二楽章までしか書かずに未完に終わっていたら、歴史に残る「未完成ソナタ」になっていたのではないだろうかという気がします。

なお、これら三曲はシューベルトの死後一〇年以上経って出版されました。

「死ぬ時はシューベルトを弾いていたい」

《遺作》を高いレベルで演奏しているピアニストは多い。アルフレート・ブレンデルは二種類の録音がありますが、新旧どちらも最高度に素晴らしい。マウリツィオ・ポリーニが若い時に残した録音は完璧と言える見事な演奏です。「死ぬ時はシューベルトを弾いていたい」と言うほどシューベルトに傾倒している内田光子の演奏は、音楽が幽玄の世界に彷徨っているように聴こえます。他にもダニエル・バレンボイム、アンドラーシュ・シフ、ヴィルヘルム・ケンプの演奏もいい。

個々のソナタの名演を挙げると、「第一九番」では、スヴャトスラフ・リヒテルの演奏が圧倒的に素晴らしい。力強く、エネルギーが横溢《おういつ》しています。彼はこのソナタが好みだったらしく、実演でも何度も弾いていますし、スタジオ録音もしています。完璧なスタジオ録音もいいですが、ライブでの勢いのある演奏も魅力的です。

「第二〇番」は、ルドルフ・ゼルキンの演奏が実に味わい深い。特に終楽章は、シューベルトの魂の叫びが聴こえてくるかのような演奏です。

「第二一番」も、スヴャトスラフ・リヒテルのスタジオ録音が素晴らしい。リヒテルはこの楽章を二四分以上かけてゆったりと弾いていますが（たとえばブレンデルは一五分足らずで弾いている）、楽章全体にピーンと張りつめたものがあります。第二楽章もまた実に恐ろしい音楽が展開します。全曲が異様な空気に包まれていますが、曲の中にあるデモーニッシュな姿を表現した巨大な演奏です。

リヒテルはライブ録音もいくつか残していて、どれも見事な演奏ですが、一九五七年にモスクワで行なった演奏は、たまたまソ連を訪問していたグレン・グールドが聴いて驚嘆したものです。「第一九番」と「第二一番」でこれほど素晴らしい演奏をしているリヒテルですが、なぜか「第二〇番」は実演でも弾いていません。

ゼルキンもまたスタジオ録音とライブ録音の両方を残していますが、どちらも堂々とした演奏です。クリフォード・カーゾンの演奏は速めですが、この曲の悲しみをよく表しています。

変わったところでは、壮年期のウラディミール・ホロヴィッツのカーネギー・ホールでのライブ録音があります。一種の狂気が宿ったような演奏ですが、これもまたこのソナタのもう一つの面を見せた演奏です。

ロシアの鬼才ピアニスト、ヴァレリー・アファナシエフ（詩人であり作家でもある）の演奏は、三曲とも常軌を逸したスローテンポな演奏で（「第二一番」の第一楽章などは二八分以上かけている）、これを高く評価する人も少なくありませんが、私にはどれも音楽が弛《し》緩《かん》しているように感じます。アファナシエフのファンの方には申し訳ありませんが、リヒテルの遅いが緊張感を失わない演奏とは似て非なるものと思っています。

スメタナ「モルダウ」

聴力喪失後に作曲、チェコの国民的名曲

チェコ「国民楽派」の父

「モルダウ」は非常に人気の高い曲です。オリジナルの演奏だけでなく、ジャズやロックなどさまざまな形で演奏され、合唱曲や歌曲にも編曲され、ポピュラー曲と思っている人も少なくありません。日本でも、さだまさし、イルカ、平原綾香《ひらはらあやか》などが編曲して歌っています。

原曲はベドルジハ・スメタナ（一八二四―八四）が作った交響詩です。モルダウ川は英語読みで、チェコでは「ヴルタヴァ川」と呼ばれます。したがって本当はこの曲は「ヴルタヴァ」と呼ぶのが正しいのですが、ここでは慣習に従い「モルダウ」と書きます。

ところで、この曲はスメタナが聴力を失ってから書いた曲と知れば、誰でも驚くのではないでしょうか。

聴力を失った作曲家と言えば、ベートーヴェンがよく知られています。彼は二十代で耳の病気に悩まされ、晩年、ついにすべての聴力を失った状態で「交響曲第九番《合唱付》」をはじめ、素晴らしい名曲を生み出しました。そしてスメタナもまた完全に聴力を失ってから、「モルダウ」という名曲を生み出した作曲家なのです。作曲家にとって聴力ほど重要なものはありません。単純なメロディーならともかく、多くの楽器から編成される複雑なハーモニーの曲を頭の中だけで鳴らすのですから、その困難さは誰でも想像がつくと思います。

スメタナは、チェコの民族音楽を発展させた「国民楽派」の先駆者と言われています。国民楽派とは一九世紀、音楽の中心地であったドイツやイタリアの音楽を模倣するのではなく、自国の民謡や民族音楽を取り入れて、民族の特色を打ち出した音楽のことを言います。ちなみにスメタナのあとに、同じチェコから「交響曲第九番《新世界より》」で知られるドヴォルジャークが続きます。

実はスメタナが生まれた当時はチェコという国はなく、彼の出身地ボヘミアはオーストトリア帝国の一部でした。同地の公用語はドイツ語で、チェコ語を使うことは禁じられていました。スメタナの父はチェコ語を話せましたが、家庭でもドイツ語を使っていたため、スメタナは長い間ドイツ語しか話せませんでした。

幼い頃から音楽的な才能に恵まれたスメタナは、まずピアニストとして成功し、次に指揮者となりました。そしてやがて作曲にも手を広げます。チェコ人としての誇りに目覚めたスメタナは、チェコ語を使ったオペラ「売られた花嫁」なども書くようになります。実はその曲を書いた頃は、彼のチェコ語は不完全なものでした。そこで彼は四〇歳を超えてからチェコ語の文法を一から勉強し、毎日チェコ語を書き、チェコ語で話すようにしました。

スメタナは劇場のオペラ指揮者としても高い人気を誇っていましたが、五〇歳頃、体の不調から劇場を辞めて、作曲に専念するようになります。しかし音楽家にとって致命的な耳の病気に襲われ、ついに両耳の聴力を失います（梅毒によるものと言われている）。

スメタナは完全に聴力を失ってから、交響詩「わが祖国」の作曲に取りかかります。これは愛する祖国チェコの素晴らしさを称えた六曲からなる連作交響詩であり、「モルダウ」はその第二曲にあたります。

「モルダウ」の冒頭は小さなせせらぎから始まります。深い山の中をいくつもの清流が流れていく様子が描かれます。それがすこしずつ合流して、やがてモルダウ川となります。その時に有名な主題が現れます。この美しさをどのように形容していいかわかりません。これほど甘美な旋律があるものでしょうか。しかし同時に胸を抉《えぐ》られるような切なさに満ちています。

スメタナ自身はこの曲の総譜に次のように書き込んでいます。

「ヴルタヴァの第一の源――第二の源――森の狩――農民の婚礼――月光、水の精の輪舞――聖ヨハネの急流――いっそう幅ひろくヴルタヴァは流れる（略）」（渡鏡子著『スメタナ／ドヴォルジャーク』音楽之友社。原文は各小節の記述あり）

曲はまさにこの通りの情景を描いています。

私がもっとも好きなのは、中間部の「月光、水の精の輪舞」のところです。目を閉じてこの部分を聴いてもらいたい。月明かりに照らされた静かな川面《かわも》に妖精たちが舞う光景が確かに見えるはずです。本当に幻想的な美しさに満ちています。

曲の最後、大河となったモルダウがプラハへと流れていく場面で、長調に転ずるところがまた素晴らしい。明るい日の光に輝きながら、モルダウは雄大に流れていきます――。

他の五曲も素晴らしい

ところで「モルダウ」は誰もが知る超有名曲ですが、「わが祖国」の全曲はクラシックファン以外にはあまり知られていません。しかし他の五曲もモルダウに匹敵する素晴らしい曲です。

第一曲「高い城」は、プラハにあるヴィシェフラド城を描いています（ヴィシェフラドという言葉には「高い城」という意味がある）。この城は戦乱によって破壊され廃墟となった城です。曲は二台のハープのアルペジオから始まります。それは吟遊詩人が廃墟となった城を見ながら、古《いにしえ》の王国の栄枯盛衰を歌う様を描いています。その詩人はチェコの再興を願うスメタナの姿ではないでしょうか。曲はかつての栄光の時代を思い出すかのように勇ましい行進曲風の音楽になりますが、最後は再び廃墟となった城の前にたたずみ、静かに終わります。

そして第二曲の「モルダウ」につながっていきます。ちなみに「モルダウ」の最後に、「高い城」の主題が顔を出します。その意味では、この二曲はセットになっているとも言えます。私の大好きな曲です。

第三曲「シャールカ」は、チェコの伝説「乙女戦争」に登場する女傑の名前です。宿敵ツチラトと戦う物語が描かれていますが、曲全体が一種のバラードのようになっています。「わが祖国」の中では非常に劇的な曲で、迫力に満ちています。これもまた実に魅力的な曲です。

第四曲「ボヘミアの森と草原から」は、文字通りボヘミアの美しい自然を描いています。スメタナの生まれ故郷であるボヘミアの、さまざまな情景が音楽で表現されています。曲の後半には収穫を喜ぶ農民たちがチェコの国民的舞曲であるポルカを踊るシーンがあります。

第五曲「ターボル」は、一五世紀のフス戦争におけるフス派信徒たちの戦いを称えた曲です。ターボルは、南ボヘミアの古い町でフス派信徒たちの拠点です。フス戦争とは一種の宗教戦争であり、チェコのフス派信徒たちは一七年にわたって戦いますが、最後には敗れます。しかしこの戦いにより、チェコ人は民族としての連帯を強めることになります。チェコ人として誇りを持っていたスメタナは、この曲でチェコの誇りを描いたのだと思います。曲は迫りくる悲劇を暗示しているかのような暗い響きから始まります。そのトーンは全曲にわたっていますが、中間部は激しい戦いを思わせます。

第六曲「ブラニーク」もまたフス戦争を描いています。ブラニークは中央ボヘミアにある山の名で、この山にはフス派信徒の戦士たちが眠っているということです。そして、この戦士たちはチェコが危機に直面した時、チェコの人々を救うために復活するという言い伝えがあります。スメタナの指示で、この曲は第五曲「ターボル」から切れ目なく演奏されます。つまりこの二曲は合わせて一曲とも言えます。

この曲の最後には、再び「高い城」の主題が現れます。そして第五曲「ターボル」にも使われたフス派信徒の賛美歌「汝ら神の戦士」の主題が高らかに響きわたります。この賛美歌におけるオリジナルの詞は、「最後には彼とお前が常に勝利と共にある」というもので、チェコ国家の明るい未来を暗示しながら、壮大に全曲の幕を閉じます。六曲を通して聴くと一時間二〇分ほどかかる大曲です。

「わが祖国」を聴けばスメタナがいかに祖国を愛していたかがわかります。そして何よりも感嘆すべきは、この素晴らしい曲がスメタナが完全に聴力を失ってから完成したものであるということです。さらに驚くのは、この曲が彼の最高傑作であるということです。もしかしたらスメタナは聴力を失って、はじめて聴こえてきたものがあったのかもしれません。

スメタナは晩年、眩暈《げんうん》や幻覚に悩まされ、記憶障害にも陥ったと言われます。そして六〇歳の時、精神科病院に収容され、そこで亡くなりました。前記の彼の症状は「老人性痴呆症」と診断されましたが、実際の原因は梅毒であったとも言われています。

スメタナはチェコの国民音楽のパイオニアでした。高名な音楽評論家ハロルド・C・ショーンバーグはこう語っています。

「スメタナは、チェコ音楽を作り上げた一人であった。しかし、アントニーン・ドヴォルジャークは、それを普及した一人だった」

チェコ出身者たちの名演

「わが祖国」の名盤は、チェコ出身の名指揮者たちで占められていると言っても過言ではありません。

ラファエル・クーベリックはこの曲を得意としていて、何種類か録音があります。その中でボストン交響楽団を指揮した演奏は非常にバランスの取れたものです。チェコで開かれたプラハの春音楽祭でチェコ・フィルハーモニー管弦楽団を指揮したライブ録音も熱気が伝わる演奏です。ちなみにプラハの春音楽祭のオープニングでは、必ず「わが祖国」が演奏されます。

カレル・アンチェルもこの曲を愛した指揮者で、何種類かの録音が残っていますが、亡命直前にチェコ・フィルハーモニー管弦楽団を指揮して演奏したライブは迫力に満ちた演奏です。

他にヴァーツラフ・ノイマンとヴァーツラフ・スメターチェクも見事な演奏を何種類も残しています。以上の四人は、いずれもチェコ出身の指揮者です。

「モルダウ」だけを録音した指揮者は非常に多く、また名盤も多い。ぜひ聴いてもらいたいのは、一九世紀生まれのドイツの指揮者ヴィルヘルム・フルトヴェングラーがヴィーン・フィルハーモニー管弦楽団を指揮した演奏です。これはモノラルのスタジオ録音ですが、冒頭から聴く者をモルダウの世界に引きずり込んでいきます。これほど神秘的な雰囲気に満ちた「モルダウ」はそうはありません。

ドヴォルジャーク「交響曲第九番《新世界より》」

下校時のメロディーとして有名な、謎多き曲

「新世界」とはアメリカ!?

アントニーン・ドヴォルジャーク（一八四一―一九〇四）の「交響曲第九番《新世界より》」は、日本ではもっとも有名な交響曲の一つかもしれません。第二楽章の哀愁漂う美しいメロディーは、日本では「家路」や「遠き山に日は落ちて」という歌曲にもなっています。かつては小学校の下校タイムに、このメロディーを使う学校が多く、今でもこのメロディーを聞くと家に帰りたくなると言う人は少なくないと言います。

正直なところを言えば、クラシック音楽のファンとしては、名曲をこういうものに使ってほしくないと思っています。本来そういう目的で作られたのではない曲を、ある特定の

状況で子供たちに繰り返し聴かせて、結果的にある種の刷り込みを行なうことは、芸術への冒瀆《ぼうとく》のようなものだという気がするからです。

ただ、すぐに前言を翻《ひるがえ》すようで恐縮ですが、帰宅時間にこの曲を流すというのは、実はなかなかのセンスでもあります。この曲を聴くと妙にホームシックに誘われるところがあるからです。それはある意味で当然かもしれません。というのは、この曲はアメリカにいたドヴォルジャークが遠い祖国を思って書いた曲だからです。当時、アメリカはヨーロッパの人たちから「新世界」と呼ばれていました。つまり《新世界より》というこの曲のタイトルは、ドヴォルジャークの状況そのものを表しています。

ドヴォルジャークはチェコのボヘミア地方で生まれました。大作曲家の多くが音楽家の家に生まれていますが、ドヴォルジャークの父の商売は肉屋兼居酒屋でした。それでいて彼が大作曲家になれたのは、当時のチェコの人々にとっては、音楽が常に日常にあったからです。かつては「ヨーロッパの音楽学校」とも言われたほど、チェコの人は音楽的才能とセンスに恵まれていました。ヴィーンではあまり人気が出なかったモーツァルトのオペラ「フィガロの結婚」や「ドン・ジョヴァンニ」も、チェコのプラハでは熱狂的に受け入れられました。つまり聴衆のレベルもヴィーンより高かったのです。ちなみに、同じチェコの作曲家スメタナの父も音楽家ではなく、ビール製造技師です。

ドヴォルジャークの音楽の特徴は何よりも美しいメロディーです。とにかくうっとりするような旋律が次々と現れるのです。彼を最初に認めたブラームスの有名な言葉があります。

「ドヴォルジャークがゴミ箱に捨てたクズをかき集めれば、私は交響曲を一曲作れるだろう」

もっともこの言葉の裏には、「単純なメロディーでも名曲を書ける」というブラームスの自信も含まれているようにも聞こえます。

ドヴォルジャークはドイツやフランスでも認められて世界的な名声を博しますが、五一歳の時、アメリカに招かれて、二年の契約でニューヨークに新設されたナショナル音楽院の院長に就任します。当時、ドヴォルジャークはプラハ音楽院の教授に就任したばかりで、オファーを受けた時は生まれ故郷を二年間も離れることに躊躇しましたが、ナショナル音楽院の創設者ジャネット・サーバー夫人の熱心な要請を受け入れて、渡米しました。ちなみに年俸はプラハ音楽院の二五倍でした。

当時、アメリカは凄まじい勢いで発展していました。ニューヨークには摩天楼《まてんろう》が次々に建てられ、その光景はヨーロッパでは見られない壮観なものでした。ドヴォルジャークは大いに驚いたと言われています。

もう一つドヴォルジャークが感動したのは、アメリカ民謡と黒人霊歌《れいか》でした。サーバー夫人は非常に進歩的な女性で、音楽院には黒人の生徒も受け入れていました。ドヴォルジャークは彼らから黒人霊歌を学び、当時のアメリカでは価値のないものとされていた黒人霊歌を最初に評価した作曲家となります。一説には、彼が黒人霊歌に惹かれたのは、それが故郷ボヘミアの民謡に似ていたからだとも言われています。

街や音楽からさまざまな刺激を受けたドヴォルジャークは、新しい交響曲の作曲に取りかかります。こうして生まれたのが「交響曲第九番《新世界より》」です。

この曲には黒人霊歌やネイティブ・アメリカンの民謡を思わせるエキゾチックな旋律がふんだんに盛り込まれています。そのため、ヨーロッパの批評家から、「《新世界より》は黒人霊歌やネイティブ・アメリカンの民謡を使っている」という批判を受けました。しかしそれに対してドヴォルジャークは「ナンセンスである」と真っ向から否定しています。彼はこう言いました。「私はこれらの国民的な旋律の精神を描いて音楽を書こうとしたのだ」と。事実、この曲には旋律の剽窃《ひょうせつ》はいっさいありません。彼は黒人霊歌や民謡の持つ独特のムードを取り入れてオリジナルな旋律を作り上げたのです。

激しく野蛮で不気味

ところで、《新世界より》は親しみやすいポピュラーな名曲と思われていますが、実は私自身はすこしもそのように見ていません。むしろ、この曲は謎に満ちた不気味な曲であると思っています。以下、曲の簡単な説明と私の印象を語っていきます。

第一楽章は、物悲しい弦楽器の序奏から始まります。しかしすぐにオーケストラは激しく荒々しい響きを奏でます。これはベートーヴェンを思わせるような闘争的な音楽です。私はドヴォルジャークの怒りを感じます。これは私の勝手な想像ですが、ドヴォルジャークはアメリカの文明社会に対してある種の怒りに似た思いを持っていたのではないでしょうか。それとも故郷に帰ることができない鬱屈《うっくつ》した思いをぶつけたものでしょうか。とにかくこの第一楽章は彼の他の曲にはまったく見られない激しさがあるのです。ただ、音楽評論家の中にもこういうことを言う人はいないので、私だけの特殊な感じ方かもしれません。皆さんの意見が聞きたいです。

第二楽章は、冒頭にも書いたように非常に有名な曲です。イングリッシュホルンで奏される哀愁漂うメロディーは聴く者も悲しい気持ちにさせます。全体に実に暗いムードが支配する曲です。途中で長調になり、故郷のボヘミアの祭りを回想するような楽しい音楽が一瞬顔を覗かせますが、それも再び悲しい旋律に掻き消されます。

ところで、この楽章には不思議なところがあります。楽章の終わり近く、例の有名な旋律の途中で、音楽が一瞬途切れるのです。まるで疲れはててとぼとぼと歩いている人が突然、足を止めて倒れ込む姿を見るような感じがします。しかもこれが三度もあるのです。この部分を聴く時、私はいつもぞっとします。音楽はその後何事もなかったかのように続きますが、それだけにいっそう不気味な感じがします。

第三楽章は、スケルツォです。最初は明るい感じの舞曲風に始まりますが、すぐに闘争的な音楽に変わります。ここではティンパニの轟きが凄い。中間部では穏やかな感じになりますが、全体には非常に激しい楽章です。なぜか途中で第一楽章の旋律も顔を出します。最後は激しく闘争的に終わります。なお、この楽章だけトライアングルが使われています。

第四楽章は、恐ろしい序奏から始まります。恐怖映画のオープニングのようであり、まるで怪物か何かがやってくるような旋律です。しかしすぐにその怪物を打ち倒すような英雄的な勇壮な主題が現れます。この楽章では、それまでの楽章で使われてきた主題が次々に現れます。ちなみに前半部分に一回だけシンバルが打たれます。実はシンバルが打たれるのは、全曲中でこの一ヵ所だけです。しかも弱音で打つので、CDでは注意深く聴いていないと気がつきません。なぜ、こんな部分に一回だけシンバルを入れたのか、私にはわかりません。第三楽章のトライアングルといい、この曲のオーケストレーションには不思議なことが多いのです。

この終楽章も闘争的な音楽です。そこにドヴォルジャークの美しいメロディーがふんだんに使われていますが、私にはとりとめのない曲のようにも聴こえます。喜怒哀楽のさまざまな感情がでたらめにぶち込まれているようにも感じるのです。全体的にはバーバリアン（野蛮）な雰囲気に支配されているように聴こえます。

締めくくりは華麗で壮大な音楽が奏でられますが、なぜか最後は消えるように終わります。これも異様な印象を与えます。十九世紀生まれの有名な指揮者レオポルド・ストコフスキーは、このラストを「新大陸に血のように赤い夕陽が沈む」と評しています。「血のように」という言葉を使ったのは、ストコフスキーもここに不気味なものを感じたからかもしれません。

殿下が弾かれたのは——

以上、《新世界より》のファンの方からは、お叱りを受けそうなことばかりを書いてきたかもしれませんが、これが私のこの曲から受ける素直な印象なのです。私はドヴォルジャークが好きですが、《新世界より》は彼の曲の中でも非常に特殊な曲であると考えています。子供の頃から耳慣れた名曲ですが、私にとっては謎めいた曲なのです。

なおドヴォルジャークはアメリカ滞在中にいくつも名曲を書いています。「チェロ協奏曲 ロ短調」と「弦楽四重奏曲第一二番」はいずれも彼の代表作です。前者は古今のチェロ協奏曲の中でもトップクラスの傑作であり、現代でも非常に高い人気を誇っています。後者は別名《アメリカ》と呼ばれ、彼の弦楽四重奏曲の中ではもっとも愛されている曲です。二曲とも《新世界より》のような不気味さは感じません。

余談ですが、三〇年以上前、たまたまテレビを見ていた時、今上陛下（当時は浩宮徳仁《ひろのみやなるひと》親王《しんのう》殿下）がアメリカのスミソニアン博物館（違っているかもしれない）を見学されたニュースを目にしました。館内に展示されていた古いヴィオラに目を留められた浩宮殿下に、案内の館員が「どうぞお手に取って弾いてみてください」と言いました（浩宮殿下は学生時代にヴィオラを弾かれていた）。ヴィオラを手に取られた浩宮殿下は、そこでドヴォルジャークの《アメリカ》の主題を弾かれたのです。私は、何と粋《いき》なセンスの持ち主でいらっしゃるのだろうと感心した記憶があります。

《新世界より》も名盤の宝庫です。ヘルベルト・フォン・カラヤン指揮のベルリン・フィルハーモニー管弦楽団の演奏はいつもながらに完成度の高いものです。オーケストラは美しく、迫力もあります。

ジョージ・セル指揮クリーヴランド管弦楽団の演奏もきりりと引き締まった素晴らしいものです。カレル・アンチェルとヴァーツラフ・ノイマンというチェコ出身の有名指揮者がチェコ・フィルハーモニー管弦楽団を指揮しているものもいい。もっとも私は同国人の演奏だからといって、そこに何か独特の響きを聴き分けるほど耳は良くありません。

変わり種として、フェレンツ・フリッチャイ指揮ベルリン・フィルハーモニー管弦楽団の演奏を挙げたいと思います。この曲の持つ不気味さと野蛮さを思い切り引き出した特異な演奏です。

ベートーヴェン「後期弦楽四重奏曲」

楽聖《がくせい》が最後に到達した世界

「第九」の次に書いた五曲

ベートーヴェン（一七七〇―一八二七）は一般には偉大な交響曲作曲家と思われています。九つの偉大な交響曲は高峰連《つら》なる山脈とも言えるもので、彼によって交響曲はクラシック音楽を代表するものになりました。その業績は交響曲にとどまりません。三二曲のピアノソナタでそれまでのピアノ曲の世界を一変させたし、ピアノ協奏曲とヴァイオリン協奏曲でも新しい世界を開拓しました。まさしく破天荒な作曲家でした。

彼は五三歳の時に、音楽家人生の集大成とも言える最後の「交響曲第九番《合唱付》」を書き終えます。この時点で、彼の時間はあと三年しか残っていませんでした。しかし、この巨人は人生の最後に、とてつもない世界に足を踏み入れるのです。それが今回紹介する最晩年の「後期弦楽四重奏曲」です。

ベートーヴェンはご存じのように苦悩の人生を背負って生きてきた作曲家です。音楽家として何よりも大事な聴力を奪われながら、不屈の努力によって、偉大な音楽を書き続けました。しかし大衆的な成功からは見放され、多くの恋をしながら、生涯を添い遂げる女性には巡り会えませんでした。

そんな彼が人生の最後に書いた五曲（第一二〜一六番）は、これまでの彼が書いてきた音楽とはまるで違います。はじめてこれらの曲を聴いた人はおそらく驚くでしょう。なぜなら、ここには苦悩もなければ、闘争もなく、勝利の雄叫びも喜びもないからです。ただ、音楽がふわふわと無重力の空間に漂うように浮かんでいるのです。こんな抽象的な表現になって申し訳ありませんが、この不思議な音楽を喩えるなら、そうとしか言いようがありません。月並みな言葉を使うことを許していただければ、「幽玄の世界」です。

もしかしたらベートーヴェンは、「第九」を書き上げ、自らの戦いは終わったと思ったのかもしれません。もはや運命と争うことはない。ただ、もう今は愛する音楽と共にありたい——そんな心境で書いた曲のように思えます。

この五曲の作曲順番は「第一二番」「第一五番」「第一三番」「第一四番」「第一六番」ですが、あとの作品になればなるほど、音楽は深くなっていきます。それらの曲を作曲順に紹介していきたいと思います。

謎の言葉

「後期弦楽四重奏曲」の入口にあたる「第一二番」は、優しさに満ちた曲です。特に第二楽章の変奏曲は「慈愛」とも言いたくなるほどです。ただ、この曲はまだ四つの楽章を持つ古典的な弦楽四重奏曲のスタイルを持っています。次の「第一五番」からはもはや形式などに捉われない世界へと入っていきます。

「第一五番」は全五楽章からなり、演奏時間は四〇分を超える大曲ですが、交響曲のような緊密な構成は持っていません。どちらかと言えば、モーツァルトのディヴェルティメント（嬉遊曲《きゆうきょく》）に似ています。ディヴェルティメントとは、貴族の食卓・娯楽・社交・祝賀などの場で演奏される曲で、明るく軽妙で、厳格な形式がなく、楽章なども自由です。ベートーヴェンはそれまでそんな曲はほとんど書きませんでした。

この曲は第三楽章が素晴らしい。この楽章にはベートーヴェン自身によって「リディア旋法による、病より癒えたる者の神への聖なる感謝の歌」というタイトルがつけられています。「リディア旋法」とは古い教会旋律の一つですが、後半の文章の意味は、作曲中にかかった重い病気から回復したベートーヴェンが、そのことを神に感謝する思いを音楽にしたものです。途中、「新しい力を得た」と書かれた明るい部分が彼の喜びを表していま す。この楽章だけで演奏時間は一五分を超えます。なお、終楽章の主題のメロディーは当初、「第九」の終楽章にしようと考えていたものと言われています。艶めかしくも魅力的なメロディーです。

続く「第一三番」は恐ろしいまでの傑作です。「後期弦楽四重奏曲」が偉大と称されるのは、この「第一三番」と次の「第一四番」があるからだと思います。この曲は先の「第一五番」よりも一楽章多く、全六楽章となっています。演奏時間も「第一五番」を超えます。

第一楽章から瞑想的で不思議なムードに満ちています。第二楽章は二分足らずの短いスケルツォですが、エキゾチックなメロディーは強い印象を残します。第三楽章、第四楽章と舞曲風の楽章が続きますが、第五楽章の「カヴァティーナ」が最高に素晴らしい。「カヴァティーナ」とは抒情的なアリアのことですが、この楽章はまさに天国的な美しさがあります。聴いていると、永久にこの音楽に抱かれていたいという気持ちになります。かつてあれほど激しく闘争的な音楽を書いた作曲家が、辿り着いた世界がこれかと思うと、私は胸が熱くなります。カヴァティーナは静かに眠るように終わります。ところが、この曲のあとに、世にも不思議な謎の終楽章が続くのです。

「大フーガ」とも呼ばれるこの楽章は、「後期弦楽四重奏曲」の中でもひときわ異彩を放ちます。いや、彼の全作品の中でも、これほど強烈で、不気味な曲はありません。はじめてこの曲を聴いた人は、あまりにも奇妙なメロディーと不協和音の洪水に、二〇世紀の現代音楽と勘違いするでしょう。

なぜベートーヴェンがあの美しいカヴァティーナのあとに、対極とも言えるこのフーガを書いたのか――私は若い頃からずっと考えていますが、今も答えが出ません。この曲は軽い思いつきで書かれたものではありません。なぜならフーガというのは四つの楽器が全然別な音楽を奏でるだけに、とても複雑な構造を持ち、緻密《ちみつ》な計算を必要とするからです。しかもこれを書いた時、ベートーヴェンの耳は完全に聴こえなくなっていました。つまり彼は頭の中だけで、この複雑きわまりないフーガを書いたのです。しかも演奏時間は一五分を超える大曲です。相当な深い考えがなければ書けません。

しかしもっと大きな謎は、ベートーヴェンが周囲の人に「この曲の意味がわからない」と言われ、この楽章を全曲から削除し、別の曲を書いて終楽章にしたことです。こんなことが信じられるでしょうか。若い頃から自らの音楽には絶対的な自信を持ち、ひとたび完成した曲は、周囲の者が「理解できない」と言っても、また演奏者が「歌えない」「弾けない」と泣きついても、一音符さえ書き直さなかった男が、終楽章をごそっとカットするなんて――。

これは私の想像ですが、ベートーヴェンの頭の中には、もしかすると未来の音楽が鳴っていたのかもしれません。それは同時代の誰も聴いたことのない音楽でした――彼は「第一三番」で、それを試みました。しかしながら、彼自身にとっても絶対的な自信があるわけではありませんでした。それゆえ、周囲の者たちに「理解できない」と言われた時、黙ってその曲を外したのです。そして別な曲を書きました。もちろん確証は何もありません。

ただ、彼はこの曲を破棄することはせず、「大フーガ」と名づけて出版しました。この独立した曲も長い間、「楽聖の謎の曲」とされてきました。晦渋《かいじゅう》に満ちた曲は、容易に人を寄せつけないものがあります。私も最初はそうでした。しかしじっくりと聴き込むうちに、その曲の底知れぬ魅力にはまりました。そしてそのエネルギーと無限に広がるような広大な世界に圧倒されるようになりました。

五〇年ほど前までは、「第一三番」を演奏する時は、あとから書き換えた終楽章が演奏されていましたが、現代ではほとんどオリジナルの「大フーガ」つきで演奏されます。前の五つの楽章を受けて「大フーガ」が演奏されると、そこには言い知れぬ深い感動がありますす。ベートーヴェンがその曲を作ってから二〇〇年近くかかって、ようやく「大フーガ」の魅力が人々に理解されたのかもしれません。

このあとに続くのが「第一四番」ですが、ここに来てベートーヴェンは神秘的とも言える世界に入っていきます。この曲はもはや構成も形式もないように見えます。全七楽章ですが、それが切れ目なしに演奏されていきます。かつてこんな弦楽四重奏曲は誰も書きませんでした。彼にとって、もはや音楽の形式などはどうでもいいものになっていたのです。

第一楽章の不思議なメロディーは何と形容したらいいのでしょう。ヴァーグナーはこの楽章を「音によって表すことのできる最大の悲哀」と言いましたが、私には「悲哀」さえも通り越した「諦観」のようにも聴こえます。

しかし続く第二楽章からは、まるで天上で子供が遊ぶような不思議な音楽が続きます。これがあのベートーヴェンが人生の最後に到達した世界なのかと思うと、私は泣きそうになります。そして第六楽章で深い瞑想の世界に至ります。

しかし第七楽章（終楽章）で、それまでの雰囲気を切り裂くような悲痛な音楽が流れます。「後期弦楽四重奏曲」の中で、これほど切ない楽章はありません。私はここにベートーヴェンが泣いている姿が見えます。彼は過去を振り返り、自らの不幸な人生に、子供のように声を上げて泣いているのです。私はこの楽章を涙なしに聴くことはできません。戦い続けた彼の生涯を思うと、胸が張り裂けそうになります。この曲こそは、ベートーヴェンの魂をすべて吐露した曲ではないかと思います。この曲を聴いたシューベルトは、「このあとで私たちに何が書けるというのだ」と言ったと伝えられています。

ベートーヴェンはこのあと、遺作とも言える「第一六番」を書きますが、その曲はもはや「解脱」の境地に達した音楽です。それまで五楽章、六楽章、七楽章という大きな曲を書いてきたのが、最後に一転して四楽章の小さな曲を書いています。

第一楽章の「軽さ」はどう喩えればいいのでしょう。ふわふわと漂うような曲で、かつての荒々しいベートーヴェンの姿はどこにもありません。第二楽章はさらに重力を失い、まるで無重力空間に浮かぶかのようです。そして第三楽章で深いまどろみの世界に入ります。いや、これをまどろみと言っていいのでしょうか。もはや彼岸（あの世）の世界に足を踏み入れた音楽かもしれません。

しかし第四楽章（終楽章）において、不思議な音楽となります。冒頭の暗く不気味な旋律は、何かを問うているように聴こえます。自筆譜には、ベートーヴェン自身の手で「そうであらねばならぬか？」という言葉が書かれています。そしてそれに答えるかのような明るい旋律に、「そうであらねばならぬ」と書かれています。この二つの言葉の意味は不明です。運命と戦い続けた天才作曲家は、最後の曲で、永遠に解き明かすことのできない謎をわれわれに残して世を去ったのです。

曲の最後は「そうであらねばならぬ」と書かれた主題の音楽で終わっています。

エマーソン弦楽四重奏団による圧巻の演奏

名のある四重奏団が録音したＣＤならどれを選んでも間違いありません。アルバン・ベルク四重奏団、ブダペスト弦楽四重奏団、イタリア弦楽四重奏団、ジュリアード弦楽四重奏団、ラサール四重奏団。いずれも超一流の演奏で、甲乙つけがたいものです。

私の個人的な好みはエマーソン弦楽四重奏団です。颯爽とした演奏は、一部で「軽い」と評価する人がいますが、私はそうは思いません。非常に厳しい演奏で、「大フーガ」の演奏などは圧巻の一語です。

モーツァルト「レクイエム」

謎に満ちた、天才最後の作品

依頼主の正体

モーツァルト（一七五六―九一）は三五年という生涯の間に、断片を含めると九〇〇を超える曲を書きました。作品は多岐にわたり、ほぼすべてのジャンルの曲を書いています。まさしく音楽史上最大の天才の一人です。彼はただ素晴らしい音楽を生み出すためだけに短い生涯を駆け抜けました。

そんなモーツァルトの生涯最後の曲が未完に終わっているというのは何とも切ないものがあります。しかも、その曲は「レクイエム」（死者のためのミサ曲）なのです。

この曲には不気味なエピソードが伝えられています。

一七九一年、モーツァルトがオペラ「魔笛」を書いていた八月のある夜、灰色の服を着た見知らぬ痩《や》せた男が訪ねてきました。男は「自分はある人の使いでやってきたが、レクイエムの作曲を依頼したい」と言いました。「魔笛」の作曲に追われていたモーツァルトはいったんは断りますが、高額の前金に惹かれ、その仕事を受けてしまいます。当時、モーツァルトは大きな仕事もなく、経済的に逼迫していたからです。

ただその時、男が出した条件は一風変わったものでした。それは「依頼主が誰なのかは訊いてはならない」ということ、もう一つは「誰のためのレクイエムか訊いてはならない」ということでした。しかしモーツァルトにはそんなことはどうでもいいことでした。

九月にオペラ「魔笛」を書き終えたモーツァルトは、「レクイエム」の作曲に取りかかります。しかし、その頃から彼は体調を崩し、一一月下旬になると、ほとんどベッドに寝たままになりました。それでも彼は病床の中で「レクイエム」の作曲を続けます。

やがてモーツァルトはある妄想に囚われるようになります。それは、この曲を依頼した灰色の服を着た男は、死の世界からの使者で、「レクイエム」は自分自身のための曲なのだと。つまりこれはまもなく死ぬ自分の魂を鎮めるための曲であって、だからこそ、この曲を完成させなければならない――。

モーツァルトは死の床で懸命に曲を書き続けますが、一二月五日、ついに曲を完成させることなく三五歳という若さで世を去りました。

実に不気味な話ですが、もちろん現実にはモーツァルトはあの世からの使者に依頼されたわけではありません。今日の研究では、灰色の服を着た男の正体も、その依頼主もわかっています。「レクイエム」の依頼者はフランツ・フォン・ヴァルゼック・シュトゥパハ伯爵という地方貴族で、使者は伯爵の知人でライトゲープという名前まで判明しています。

ヴァルゼック伯爵は音楽ディレッタント（愛好家）でしたが、悪趣味とも言える行為を繰り返し行なっていた人物でした。有名な作曲家に匿名《とくめい》を条件にして曲を作らせ、それを写譜し、自分が書いた曲だと偽って発表していたのです。モーツァルトに依頼した「レクイエム」もその一つで、その年のはじめに亡くなった妻の追悼のために、自ら作ったレクイエムを披露したいという目的だったのです。

いつの世にもこうした歪《ゆが》んだ自己顕示欲の持ち主がいますが、皮肉なことにヴァルゼック伯爵がいなければ、モーツァルトの「レクイエム」はこの世に誕生しませんでした。

作曲エピソードは知ってみれば他愛ない話ですが、モーツァルトがもはやベッドから起きられない状態にもかかわらず、弟子のフランツ・クサヴァー・ジュスマイヤーに作曲の指示をしていたのは事実のようです。また臨終の時も、「レクイエム」のティンパニのパートを口で表そうとしていたかのようだったと、義妹が手紙に書いています。

どこまでがモーツァルト筆か

本来なら、この曲は未完の作品として残されたはずでした。ところがモーツァルトの死後、「レクイエム」は数奇な運命を辿ることになります。

夫を失ったモーツァルトの未亡人コンスタンツェはたちまち困窮しました。夫が受け取っていた「レクイエム」の前金も返済しなくてはなりません。しかし曲を完成させれば、前金の返済はせずにすむばかりか、残りのお金ももらえます。

そこで彼女は、夫の弟子であったヤコブ・フライシュテットラーに依頼します。しかし彼は生前のモーツァルトの指示によって合唱パートを木管楽器部分と弦楽器に重ねただけでした。次に未亡人は、夫の友人で作曲家でもあったヨーゼフ・アイブラーに補作を依頼します。しかしアイブラーはこの仕事を全うできずに途中で放棄しました。一説には、モーツァルトに対する尊敬の念が強すぎたためだとも言われています。

困ったコンスタンツェはジュスマイヤーに依頼します。そして「レクイエム」はジュスマイヤーの手によって完成されました。コンスタンツェはヴァルゼック伯爵の使者であるライトゲープに総譜を渡し、残金を得ることに成功しました。

ところで、なぜコンスタンツェが最初からジュスマイヤーに依頼しなかったのかは不思議です。彼は、死の床にあったモーツァルトが作曲の指示を与えていた人物なのですから。彼女がすぐにジュスマイヤーに依頼しなかった理由については諸説ありますが、この話をするとかなりややこしい話になるので、あえて割愛します。ただ、一つだけに述べておくと、コンスタンツェとジュスマイヤーはモーツァルトが生前中から男女の関係にあったという話があります。モーツァルトが亡くなった時点で、二人がどのような関係であったかも諸説があり、もしかしたらそういうことが最初にジュスマイヤーに依頼しなかった理由にあったのかもしれません。

ヴァルゼック伯爵は一七九三年一二月、ヴィーンの教会で自らの指揮で「ヴァルゼック伯爵」作曲の「レクイエム」を演奏しました。もし、このまま何事もなく過ぎていれば、この曲は名もない音楽愛好家の貴族の作品として歴史の中に埋もれていたかもしれません。

しかしコンスタンツェは強《したた》かでした。伯爵に総譜を渡す前に、写譜を残していて、のちにモーツァルトの作品として出版して金を手にするのです。そのため、伯爵とトラブルになっています。

それでもこのまま行けば、「レクイエム」はモーツァルト最後の作品となったはずですが、事態はまたややこしいことになります。コンスタンツェがモーツァルトの作品として出版したことを知ったジュスマイヤーが、「その曲は自分が補完したものだ」と発言したからです。

結局、「レクイエム」はモーツァルトとジュスマイヤーの合作ということに落ち着いたのですが、ここから多くの音楽学者を悩ませることになります。つまりこの曲のどこまでがモーツァルトの筆になるもので、どこからがジュスマイヤーの補筆によるものか、という長い論争に入ったのです。

実は「レクイエム」にはモーツァルトの自筆部分はほとんど残されていません。彼が完成させたのは第一曲の「イントロイトゥス」だけです。その他の分は合唱部分と和音のスケッチが残されているだけで、中にはまったく自筆譜がない曲もあります。

しかし生前、彼がジュスマイヤーに指示をしていたことは事実らしいので、弟子がそのように書いたと主張すれば、後世の人間には否定できない部分があります。ただ、モーツァルトの書法とは違っている部分もあり、また音楽的にも明らかにミスがあり、ジュスマイヤーの主張もどこまで正しいのかはわかりません。また合作ということなら、ジュスマイヤーのオリジナルも含まれていることになります。

ここで「レクイエム」の楽譜についてのこれ以上の言及は止めます。これは二〇〇年以上も専門家が取り組んでいて、今も結論が出ていない問題だからです。私のような音楽の素人《しろうと》が口を挟める部分ではありません。

ただ、モーツァルトのファンとして、素直な感想を言わせてもらえば、「レクイエム」は曲の前半部分（「イントロイトゥス」「キリエ」「セクエンツィア」）までの異様な緊張感に対して、後半部分（「オッフェルトリウム」「サンクトゥス」「ベネディクトゥス」「アニュス・デイ」）はモーツァルトらしからぬ弛緩した感じに聴こえます。「サンクトゥス」「ベネディクトゥス」は冒頭で引き込まれますが、途中から急に退屈を感じるのです。

だからといって、私が退屈を感じる部分がジュスマイヤーの書いた部分であると主張する気はありません。あえて個人的な感想を述べたにすぎません。

繰り返しになりますが、前半部分の音楽は凄いとしか言いようがありません。「イントロイトゥス」の重苦しい和音は、まさに「死者のためのミサ曲」です。これがあのモーツァルトの作品かというくらいの恐ろしさをもって迫ってきます。

次の「キリエ」のフーガは、バッハを思わせる重厚感溢れるフーガです。ちなみに「レクイエム」の最後「ルクス・エテルナ」には、「キリエ」のフーガのメロディーがそのまま使われています。これはモーツァルト自身の指示だというコンスタンツェの証言が残っていますが、それが真実かどうかはわかりません。

とにかく、クラシック音楽史上最大の天才の最後の作品が、これほど謎に満ちた曲であるというのは、後世のわれわれにしてみれば、何とも言えない気持ちにさせられます。

ちなみにモーツァルトが最後に書いていたのは第八曲の「ラクリモサ（涙の日）」という曲です。この曲の第八小節まで書いたところで筆が止まり、それ以上は書き進められなかったと言われています。つまり「ラクリモサ」がモーツァルトの絶筆ということになります。確かにこの曲を聴くと、胸が詰まるような悲しみが迫ってきます。

ブルーノ・ワルターが表現した「怒り」

「レクイエム」のCDを選ぶのはかなり厄介な仕事です。というのは、多くの音楽学者の研究によって、さまざまな版で演奏されているからです。版によってはオーケストレーションが違ったり、和音が違ったりしています。中には耳慣れた曲がまるまるカットされている版もあります。それぞれの版は研究者の名前を取って「○○版」と呼ばれています。ちなみにコンスタンツェが出版した楽譜による演奏は、今日では「ジュスマイヤー版」と呼ばれています。

だから本来ならば推薦盤を挙げる時には版による違いを説明する必要がありますが、さすがにそれは私にはとうてい無理なことですし、またこの拙文をお読みの一般読者にも、あまりにも専門的すぎるので、その部分は無視して強引に何枚か挙げてみることにします。

ブルーノ・ワルター指揮ニューヨーク・フィルハーモニック他の演奏は、録音は古いが凄い迫力です。特に「ディエス・イレ（怒りの日）」の迫力はただごとではありません。リハーサルではいつも楽団員たちに「歌って」と指示するワルターが、この時の録音では「ここは歌ってはならない！」と指示したという逸話が残っています。まさしく「怒り」の音楽になっています。

カール・ベーム指揮ヴィーン・フィルハーモニー管弦楽団他の演奏はもはや歴史的名盤

と言えるでしょう。武骨な「レクイエム」ですが、感動は深い。カール・リヒター指揮ミュンヘン・バッハ管弦楽団の演奏も素晴らしい。リヒターはバッハの宗教曲では神がかり的な演奏をする人ですが、「レクイエム」でも同じアプローチで名演を残しています。

以上はすべて旧来のジュスマイヤー版ですが、それ以外の版をいくつか挙げておきます。チャールズ・マッケラス指揮スコットランド室内管弦楽団他の演奏はレヴィン版です。ネヴィル・マリナー指揮アカデミー・オブ・セント・マーティン・イン・ザ・フィールズ他の演奏はバイヤー版です。クラウディオ・アバド指揮ルツェルン祝祭管弦楽団他の演奏はバイヤー版とレヴィン版の折衷版《せっちゅうばん》です。それぞれ版は微妙に違いますが、いずれも名演です。

バッハ「フーガの技法」

巨人が追求したフーガの集大成ながら、未完

音の美しさに身を任せる

世の中に「偉大な」という形容詞がつけられる芸術家は少なくありません。あらゆる分野の世界に巨人は存在します。しかしヨハン・セバスティアン・バッハ（一六八五―一七五〇）はその中でも頂点をきわめた人ではないでしょうか。前人未到の業績、高い完成度、時代の超越性、そして膨大な作品群――まさにクリエイターの目標であるすべてを成し遂げた芸術家です。

バッハが残した夥しい傑作を前にして、私は言葉を失います。一人の人間がはたして短い一生の間にこれほどの仕事を残せるのか、と呆然となります。「マタイ受難曲」、「ミサ

曲 ロ短調」、一〇〇曲以上のカンタータ、「ゴルトベルク変奏曲」をはじめとするチェンバロ曲、「パッサカリアとフーガ」などのオルガン曲、「無伴奏チェロ組曲」、「無伴奏ヴァイオリンのためのソナタとパルティータ」などの器楽曲、「ブランデンブルク協奏曲」、「管弦楽組曲」などの管弦楽曲、その数は一〇〇〇曲を超えます。しかもどの一曲を見ても、一流の作曲家が何ヵ月(あるいは何年)もかけて作るような名曲なのです。それをバッハは平均して数日ほどで作っています。しかもそのペースで四〇年も続けているのです。こんなことが本当にあったなどと事実を知った上でもなお信じられない気持ちです。

そして、彼は家庭では良き夫であり、良き父でした。また多くの弟子たちにとっては良き師匠でした。同時に教会のカントル(オルガニスト兼合唱や管弦楽の指揮者)としての仕事をこなした上での作曲活動なのです。

『クラシックを読む2』にも書きましたが、現代の一流ピアニストが一生かけて取り組み、また多くの音楽学者が研究対象としている二巻の「平均律クラヴィーア曲集」(四八の前奏曲とフーガ)は、バッハが息子のチェンバロ練習用に書いた曲です。ちなみに、のちに天才モーツァルトがこの楽譜を見た時、創作活動に危機をもたらすほどの衝撃を受けたという内容の曲集です。いったいバッハの頭の中はどうなっていたのでしょうか。楽譜の余白にいたずら書きのように記した「一四のカノン」(二〇世紀後半に発見された)さえ、音楽学者を唸《うな》らせるほどの傑作なのです。

それほどの天才が、いやそれほどの天才だからこそと言うべきか、彼は同時代の人々からは理解されませんでした。同年生まれのヘンデルの名声はヨーロッパ中に響きわたっていたのに対して、バッハの名前は地方都市ライプツィヒの中でも知る人ぞ知る程度でした。彼の死後、その作品群のかなりが散逸し、いくつかが永久に失われました。その中には上記に挙げた以上の大傑作があった可能性もあります。それを思うと、実に残念でなりません。

バッハはありとあらゆる音楽を書きましたが、彼が生涯かけて追求したのは「フーガ」です。「フーガ」とは同じ主題を持ったメロディーが次々に追いかけるように現れる音楽で、クラシック音楽技法の最高のものです。そしてバッハは音楽史上、最高のフーガの作曲家です。本項で紹介するのは、そんなバッハが最後に書いた曲「フーガの技法」です。「フーガの技法」は謎に満ちた曲です。

まず楽器指定がありません。これは実に奇妙なことです。普通、作曲者は曲を書く場合、演奏される楽器を想定して書きます。ピアノソナタしかり、交響曲しかり、室内楽しかり。しかし「フーガの技法」の楽譜には、どの楽器で演奏しろとは書かれていないのです。バッハの頭の中には、この曲は純粋な音の世界で鳴っていたのでしょうか（今日ではチェンバロなどの鍵盤楽器を想定して書いたものだろうと考えられているが、それならなぜそう明記しなかったのかという謎が残る）。

もう一つは、「フーガの技法」ははたして完成した曲であるのか、未完であるのか、というものです。それは最後のフーガを「フーガの技法」の一部と見るか、独立した曲と見るかによって、意見が分かれているからです。しかし、私は「フーガの技法」の一部と思っています。そしてこの最後のフーガは未完であり、したがって、「フーガの技法」は未完の大作と見做しています。

「フーガの技法」は全部で何曲と見るかということも意見が分かれています。というのはバッハの自筆譜と初版の時の曲の配列が違うし、さまざまな版によっても異なるからです。したがって演奏者によっても違います（市販されているＣＤも皆、違う）。

すべての曲に恐ろしいまでの高度な音楽技法が使われ、楽譜が読めない私のような素人には、音楽学者の解説を読まなければとうてい曲の真髄はわかりません。

第一曲は単純なフーガですが（とはいえ凄まじい傑作だが）、二曲目からはもう余人の及ぶところではない不思議な音の世界に入っていきます。ちなみに第二曲は第一曲の主題の「転回フーガ」です。「転回」とは楽譜を上下引っくり返した形を言います。つまり「レラファレド」という主題が「ファ」の音を中心にして引っくり返され、「ラレファラシ」という音になっています。

以下、主題のメロディーを後ろから演奏する「反行フーガ」、楽譜全体を鏡に映した形の「鏡像フーガ」、主題を倍の長さに引き延ばした「拡大フーガ」、逆に主題を短く圧縮した「縮小フーガ」など、「フーガの技法」では、これらのフーガが複雑に組み合わされているので、楽譜を見ながらでないと、とてもその全容を摑むことはできません。そして当たり前のことですが、バッハは単純に音を並べただけではありません。すべての曲が絶妙なハーモニーになっていることに驚嘆せざるを得ません。この曲は、前述したように、彼が生涯にわたって追求してきたフーガの技法をすべて注ぎ込んだ畢生の傑作です。「フーガの技法」というタイトルはのちの人がつけたものです。

「フーガの技法」を聴いていると、まるで音の万華鏡を見ているような気持ちになります。万華鏡が時には流れるように、また時には一瞬にして、その姿を変えるように、「フーガの技法」もまた次々に美しく変化していきます。だから、「フーガの技法」は音の構造がわからなくても、その美しさに、ただ身を任せているだけでいいのです。

バッハがこの曲を完成させられなかったのは、失明によるものです。彼はそれでも口述筆記によって完成させようとしましたが、それは叶《かな》いませんでした。

未完の凄み

さて、最後のフーガについて語りましょう。このフーガの主題は古来、議論が分かれています。「フーガの技法」の主題が変化したものという説と、まったく新しい主題という二つの説があります。前者の説を取れば、このフーガは「フーガの技法」の一部だし、後者の説を取れば、まったく新しい曲ということになります。私はこのフーガに現れる第一の主題は、「フーガの技法」の主題を変形させたものだと思います（第二の主題と第三の主題は新しいものだが）。この最後のフーガは三重フーガです。つまり三つの異なるフーガが同時に演奏されるという、想像を絶する複雑なフーガなのです。

まず、第一の主題によるフーガが始まります。これが第一のフーガです。やがてこれが終わると、第二の主題によるフーガが始まります。そこに第一のフーガが加わって二重フーガが展開されます。

バッハ「フーガの技法」自筆譜の最終ページ

（ベルリン州立図書館蔵）

やがてそれが終わると、第三の主題によるフーガが始まります。この主題はB（変ロ）、A（イ）、C（ハ）、H（ロ）の四つの音からなります。「BACH」つまりバッハの主題です。この主題が展開されていく中で、第一の主題が入って、再び二重フーガが展開されます。そして第二の主題も入ってきて、いよいよ壮大な三重フーガが始まるところで、音楽が突然終わります。

一説には、このあと、第四の主題が現れ、これまで人類の誰も聴いたことがない壮大な四重フーガが書かれるところだったという話が残っています。書きかけの未完の自筆譜の余白に、バッハの次男カール・フィリップ・エマヌエル・バッハ（彼も有名な作曲家である）が綴った言葉が残されています（上の写真）。

「作曲者は、〝BACH〟の名にもとづく新たな主題をこのフーガに挿入したところで死に至った」

私は「フーガの技法」をCDで聴いている時、突然訪れる沈黙に啞然とします。それは、今まさに一人の巨人がこの世から消えた、という現実に向かい合ったかのような衝撃を覚えるからです。

ただ、現代の学者によれば、エマヌエル・バッハの言葉には疑問が挙げられています。理由は、バッハの自筆譜は失明する以前に書かれたと思われるからです。しかし、息子が父の自筆譜に嘘を書き込むとは思えないし、その理由もありません。だから、私はこの曲こそが、実質的にバッハの絶筆だと思います。そしてこれが未完に終わったことで、「フーガの技法」は永久に完成することがなくなりました。今後、人類がどれほど進歩しても、コンピューターがどれほど進化しても、この音楽の先を聴くことは永久にできないのです。演奏によっては、最後に一音付け加えて、それなりの形にして終わっているものもありますが、私は個人的には反対です。未完の凄みを味わうには、楽譜に残された演奏をしなければなりません。

さまざまな楽器の多様な演奏を楽しむ

「フーガの技法」は前述した通り、楽器指定がないので、CDにおいても管弦楽、室内楽、管楽器、オルガン、チェンバロ、ピアノとさまざまな楽器で演奏されています。それぞれに魅力的な演奏がいくつもあります。

ヘルマン・シェルヘン指揮スイス・イタリア語放送管弦楽団の演奏はオーケストラによるものです。管楽器や木管楽器、弦楽器が加わった非常に華やかな演奏です。曲ごとに楽器の特性が考えられた演奏だと思います。

ヘルムート・ヴィンシャーマン指揮ドイツ・バッハ・ゾリステンはオーボエ群と弦楽器の管弦楽による演奏です。ヴィンシャーマンはバッハ演奏には造詣が深く、ここでも真摯な音楽の作りになっています。コレギウム・アムレウム合奏団は弦楽合奏とチェンバロによる落ち着いた演奏です。

ラインハルト・ゲーベル指揮ムジカ・アンティクヮ・ケルンはピリオド楽器アンサンブルによる演奏です。しかし演奏はむしろ現代的とも言える、きびきびしたものです。

ピアノによる演奏は、タチアナ・ニコラエヴァ、ヴラディーミル・フェルツマン、エミール・ナウモフなどいくつもありますが、その中ではフェルツマンによる演奏が対位法を際立《きわだ》たせた面白さがあります。鬼才グレン・グールドによるものもありますが、なぜか一部しか弾いていません。

グスタフ・レオンハルトがチェンバロで弾いたものも素晴らしいし、盲目のオルガニスト、ヘルムート・ヴァルヒャのオルガン演奏も胸に迫るものがあります。

高橋悠治《たかはしゆうじ》がシンセサイザーで演奏したものはそのままＳＦ映画のＢＧＭになりそうな風変わりな演奏ですが、これはこれで面白い。

リヒャルト・シュトラウス「四つの最後の歌」

クラシック音楽、最後の輝き

ナチス協力者という汚名

異論、反論があることを承知で言いますが、近代のクラシック音楽の歴史はドイツ音楽の歴史です。一八世紀前半に偉大なるバッハが登場したあと、後半にハイドン、モーツァルト、ベートーヴェンを輩出し、ドイツ音楽はヨーロッパを制覇しました。

一九世紀に入り、シューマン、ショパン、メンデルスゾーンなどの「ロマン派」がよりいっそう幅広いものにし、ブラームス、ブルックナーらの「後期ロマン派」がさらなる高みに押し上げました。フランス人のベルリオーズも、ハンガリー人のリストも、チェコ人のドヴォルジャークも、ロシア人のチャイコフスキーも、あえて言えば、すべてドイツ音楽の流れを汲む音楽家です。

　そして一九世紀の後半にヴァーグナーという怪物が現れます。ヴァーグナーはほとんどオペラしか書かなかった作曲家ですが、その音楽は戦闘的とも言える先進性を持ったものでした。それまでの作曲家たちが用いなかったさまざまな和音（その多くが不協和音）を用い、さらに半音階を駆使して調性さえも曖昧《あいまい》にしました。その影響を受けたシェーンベルクは二〇世紀に入って、十二音技法を編み出しました。

　ヴァーグナーとシェーンベルク以降、多くの作曲家たちが無調と十二音技法の曲を作り出し、それらは今日「現代音楽」と総称されるものへと進んでいきます。ただ、それらの多くは大衆に見放され、同時代性を失ったものになっていきました。

　ヨーロッパのクラシック音楽の世界では「常に新しい音楽こそが正しい」という信仰のようなものがあり、「古い音楽」を書く作曲家は評価されません。だから二〇世紀に入っても、センチメンタルな旋律を駆使してロマンティックな曲を書いたラフマニノフなどは、評論家たちから「アナクロニズム（時代錯誤）の極致」と言われて馬鹿にされ続けた話は、『クラシックを読む1』に書きました。ドイツから遠く離れたロシア生まれであったラフマニノフは、少年時代に無調や十二音技法の洗礼を受けなかったのかもしれません。ところが一〇〇年経った今日、ラフマニノフは非常に高く評価され、代表作である「ピアノ協奏曲第二番」は二〇世紀の傑作と見做されています。

最後に紹介する曲は、ラフマニノフとほぼ同時代に活躍したもう一人の巨人であるリヒャルト・シュトラウス（一八六四―一九四九）が最晩年に書いた「四つの最後の歌」です。私は、この曲こそドイツ音楽、いやクラシック音楽が黄昏に見せた最後の輝きではないかと思っています。

シュトラウスはラフマニノフよりも九歳年上ですが、音楽先進国のドイツに生まれています。つまり新しい音楽の波をまともに受けて育った音楽家です。事実、彼は一八歳の時にヴァーグナーの音楽に触れ、一気に傾倒し、それ以降、彼の影響を受けた新しい音楽を次々と書きます。しかし、そうした中にあっても、彼はけっして美しい旋律（調性のある旋律）を捨てませんでした。シュトラウスにとっては美しい旋律こそ、何よりも大切なものだったのです。彼にとって無調や十二音技法へとつながっていく「新しい音楽」は魅力あるものではありませんでした。

そんなシュトラウスの音楽を、同時代の批評家や音楽家は非難しますが、彼はそれに対する抗議を音楽で行ないます。三四歳の時に書いた交響詩「英雄の生涯」で、自らを「英雄」に擬え、第二部「英雄の敵」の中で、批評家や音楽家たちを登場させています。ちなみに英雄（シュトラウス）は批評家たちにこてんぱんにやられますが、第三部「英雄の伴侶」で愛する妻を得た英雄は、第四部「英雄の戦い」で、批評家たちを叩きのめします。まあ、何ともふざけた音楽ですが、私はシュトラウスの傑作と思っています。

その後、オペラ作曲家となったシュトラウスは次々と斬新なオペラを書きますが、やがて先進的な音楽に完全に背を向け、擬古典主義とも言うべきオペラを書くようになります。彼の最高傑作のオペラ「ばらの騎士」は、モーツァルトの世界を彷彿《ほうふつ》させるような雰囲気を持っています（とはいえ、音楽そのものはモーツァルトとはまるで違うが）。

シュトラウスは同時代の批評家からは叩かれましたが、大衆には受け入れられました。やがて自他共に認めるドイツ楽壇の帝王となります。もし彼が七〇歳くらいで亡くなっていたら、まさしく交響詩「英雄の生涯」のような栄光の一生を終えたでしょうが、皮肉なことに長生きしたばかりに、晩年、時代の荒波に翻弄されることになります。六九歳の時に、ナチスが政権を取ったのです。

第三帝国では、ドイツのあらゆる国民が辛酸を嘗《な》めることになりますが、シュトラウスは帝国音楽院総裁となり、ナチスのために音楽活動をし（日独伊防共協定を結んだ日本のために書いた「日本の皇紀二千六百年に寄せる祝典曲」など）、ナチス政権下のドイツで如才なく生き延びました。しかしその結果、戦後はナチスにすり寄った音楽家として、連合国軍から糾弾され、世界の音楽家たちから非難されることになりました。

しかし彼自身はナチスの信奉者でもなければ、その思想に共鳴したわけでもありません。シュトラウスには、息子の妻がユダヤ人だったことでナチスと友好な関係を結ばざるを得なかったという事情もありました。オペラ「無口な女」の初演ポスターから「ユダヤ人の台本作家ツヴァイクの名前を外せ」という当局からの命令を拒否したこともあるなど、けっして全面的にナチスに迎合した作曲家ではありません。

連合国軍による裁判で、シュトラウスは無罪となりましたが、失った栄光を取り戻すことはできませんでした。彼は人々から身を隠すようにドイツを離れ、スイスに隠棲しました。

一九四八年、八四歳になっていたシュトラウスは、ある日、ヨーゼフ・フォン・アイヒェンドルフの「夕映えの中で」という詩に感銘を受け、それにソプラノ独唱とオーケストラ伴奏の音楽をつけて曲を書きました。さらにヘルマン・ヘッセの詩集から「春」「九月」「眠りにつくとき」という三つの詩に音楽をつけました。この四つの詩には、すべて「死」

が描かれています。もしかしたら死期が近いと感じたシュトラウスが、これらの詩に共感するものがあったのかもしれません。実際、彼はこれを書き終えた翌年に亡くなっています。そして彼の死後、『四つの最後の歌』として出版されました。

クラシック音楽の到達点

私はこの曲を聴くと、シュトラウスの最晩年の底知れぬ孤独と諦観を感じます。と同時に、クラシック音楽の到達点のようなものを見る思いがします。

この曲には無調や十二音技法のような前衛的要素は何もありません。しかし古いかと言えば、けっしてそうではありません。一見、古色蒼然とした雰囲気に満ちていますが、そこにはそれまでドイツ音楽が歩んできた歴史、そして培《つちか》ってきたすべての技法がちりばめられています。私がクラシック音楽の到達点と感じるのはそこです。同時に、この曲においてて、クラシック音楽は一つの時代が終わりを告げたようにも思えます。美しい旋律とポリフォニー（多声音楽）を組み合わせて「音の織物」を紡《つむ》いできたドイツ音楽が最後に紡いだ歌が、まさにこの「四つの最後の歌」のような気がします。

この四つの歌曲は、旋律が長調と短調の間で絶え間なく転調と移調を繰り返します。それはまるで彼岸《ひがん》と此岸《しがん》の間を行き来する幽玄の世界を描いているようにも聴こえます。

第一曲「春」は暗い感じで始まります。やがて長調になりますが、全体のトーンはあくまで暗い。私個人の感想で申し訳ありませんが、この曲は他の三曲より若干完成度が落ちる気がします。

第二曲「九月」と第三曲「眠りにつくとき」は、とてつもない傑作だと思います。シュトラウスの最高のオペラの中でも、この曲に匹敵するアリアがあるだろうかと思えるほどです。ソプラノパートだけでなく、オーケストラパートもため息が出るほど素晴らしい。第二曲のラストのホルン、第三曲の中間部のヴァイオリンの部分など、聴いていて胸が締めつけられます。

最後の曲「夕映えの中で」は、歌曲集の中でもっとも長い曲です（七分以上）。シュトラウスが、これらの四曲を一つの歌曲集として出版する意思を持っていたかどうかはわかっていません。したがって誰がこれを一つの歌曲集としたのか、そして曲の順番を決めたのは誰かも不明です。ただ、この歌曲集を聴く誰もが、「夕映えの中で」こそ、歌曲集の最後を飾るにふさわしい曲だと納得するでしょう。

冒頭の荘厳な和音は、はるかな水平線に太陽が沈みゆく光景を描いているようです。かつてシュトラウスは交響詩「ツァラトゥストラはかく語りき」の冒頭で、暗黒の世界に太陽が昇っていく様を音楽で表現しましたが、人生の最晩年に、まさに沈みゆく太陽を描いたのです。その太陽とはシュトラウス自身であり、同時にクラシック音楽そのものです。

静かに消えゆくように終わる最後の歌詞はこうなっています。

おゝ、広々と静かな安らぎ、
夕映えの中で　かくも深く
私たち　なんとさすらいに疲れたことか
もしかしたら、これは、死？

（吉田秀和著『言葉のフーガ 自由に、精緻に』四明書院）

ヤノヴィッツの妖艶な歌唱

この歌は何人もの素晴らしいソプラノ歌手が歌っています。昔から名盤とされているのが、エリーザベト・シュヴァルツコップ（ソプラノ。以下S）とジョージ・セル指揮ベルリン放送交響楽団の演奏です。シュヴァルツコップは技巧が目立つ歌手ですが、シュトラウスの人工美とも言える音楽と見事に合致しています。シュヴァルツコップはオットー・アッカーマン指揮フィルハーモニア管弦楽団のバックでも歌っており、これも名盤です。

グンドゥラ・ヤノヴィッツ（S）の歌もいい。ヘルベルト・フォン・カラヤンが指揮するベルリン・フィルハーモニー管弦楽団の演奏が精緻をきわめており、完璧な美を表現しています。ヤノヴィッツはセルジュ・チェリビダッケ指揮ローマ・イタリア放送交響楽団をバックにしてライブで歌ったものがありますが、こちらは妖艶と言いたくなるほどの歌唱で、ぞくぞくするほどの魅力があります。

フェリシティ・ロット（S）とネーメ・ヤルヴィー指揮ロイヤル・スコティッシュ・ナショナル管弦楽団、ルチア・ポップ（S）とクラウス・テンシュテット指揮ロンドン・フィルハーモニー管弦楽団の演奏も素晴らしい。

バーバラ・ボニー（S）がマルコム・マルティノーのピアノ伴奏（編曲はマックス・ヴォルフ）で歌ったものも、オーケストラ版とは違った味わいがあります。

おわりに

私の仕事場は約三六畳のリスニングルームを兼ねています。その部屋で執筆しながら、時にはリラックスしながら（こちらのほうが断然時間が長いのですが）、好きな音楽を一日中聴いています。自分でも贅沢《ぜいたく》な空間と時間であると思っています。

これは私だけに限ったことではありません。現代人は誰でも気軽に音楽を聴くことができます。インターネットで好きな曲をダウンロードできますし、いつでもどこでも手軽に聴くことができます。またカラオケへ行けば好きな曲をカラオケ伴奏で歌うことができます。

自分から積極的に聴こうとしなくても、音楽は向こうからやってきます。テレビをつければ音楽が洪水のように流れてきます。ドラマでもバラエティーでもクイズ番組でもドキュメンタリー番組でも、ほとんどのシーンで音楽が鳴っています。ニュース番組や教育番組でも音楽が入っていますし、ＣＭは音楽がない瞬間はありません。

繁華街や商店街を歩いても常にどこからか音楽が聴こえてきますし、喫茶店やレストランにも音楽が流れています。一日、音楽を耳にしない時間はないと言っても過言ではないほどです。私たちの耳は音楽に対して半ば麻痺《まひ》しています。一日中流れている音楽に対して、いちいち感動で胸を震わせてはいられないし、涙なんか流していられません。そんなことをしていたら心がすり減ってしまいます。

そんなことを考えていると、ふと思います。一〇〇年前の人々にとって音楽とはどのようなものだったのだろうかと。

テレビやラジオはありません。ＣＤはもちろんインターネットもありません。映画は無声なので当然音楽はついていません。レコードは発売されたばかりで、蓄音機《ちくおんき》を持っているのはごく一部の人です（音質は最悪）。つまり普通の人々は、日常生活において、仲間内での歌を除くと、ちゃんとした演奏による音楽を耳にする機会など滅多になかったのです。

もしそんな時代に、最高の音楽家の名曲を、一流の演奏家が演奏する場に立ち会えたなら、どうでしょう。その興奮と感動は現代人には想像もつかないくらい深いものだったに違いありません。かつてベートーヴェンやショパンのピアノ演奏に同時代の人々が涙を流し、パガニーニのヴァイオリン演奏に恍惚として、リストのピアノ演奏に狂喜したのは、ある意味、当然なのです。

大正一五（一九二六）年生まれで今年（二〇二一年）、九五歳になる私の母は、四国の田舎で育ちました。子供の頃、ある夜、布団に入っていると、どこからか誰かがヴァイオリンを弾く音が聞こえてきたそうです。それを寝床で耳を澄まして聴いていると、いつしか感動して涙が流れてきて止まらなかったそうです。おそらくそのヴァイオリンは素人が弾く拙いものだったのでしょう。しかしラジオもない家で育った母にとっては、それは天上の音楽に聴こえたのでしょう。その話を聞いた時、私は感動というものについて深く考えさせられました。

二一世紀に生きている私たちは、オーディオの電源を入れてCDをセットすれば、あるいはインターネットでYouTubeを検索すれば、自宅のリビングにいながら、過去の偉大な音楽家の名曲、傑作を、世界最高の演奏家の演奏で耳にすることができます。考えてみれば、これほどの贅沢があるでしょうか。

しかしながら、私たちはその贅沢に慣れてしまっているのも現実です。あまりにも気軽に聴けるだけに、そのありがたみを忘れてしまっているのです。同時に、その素晴らしさに感動する心が鈍磨《どんま》しています。満腹の時に、どんなご馳走を出されても、その味がわからないのと同じです。現代人の悲劇でしょう。

もちろん私も同様です。学生時代、私の安下宿の部屋にはテレビもラジオもパソコンもなく、ただ一台の中古のレコードプレーヤーがあるだけでした。それでもアルバイトしてやっと買ったレコードを一生懸命に聴いていたあの時代こそ、心の底から音楽に感動していた時ではなかったかと思います。

この拙文を書きながら、私に残された（多くはない）時間で、素晴らしい音楽に真剣に耳を傾けようと思います。

※❶～❸は登場する巻数

1900　　2000	
	ヴィヴァルディ (1678～1741)
ゴルトベルク変奏曲❷	**バッハ** (1685～1750)
	ヘンデル (1685～1759)
94番《驚愕》❷	**ハイドン** (1732～1809)
❸ 第20番❶、ピアノ協奏曲第24番❸ 婚❷ 第1番❷、魔笛❷、 第27番❸、レクイエム❸ ァンニ❶	**モーツァルト** (1756～1791)
ノソナタ第8番《悲愴》❸ 曲第3番《英雄》❷ ノソナタ第23番《熱情》❶ 曲第7番❸、交響曲第8番❷ ノソナタ第32番❷ アベリ変奏曲❶ 弦楽四重奏曲❸ 曲第9番《合唱付》❷ ノ協奏曲第5番《皇帝》❸ 曲第6番《田園》❷ 曲第5番《運命》❸ イオリン協奏曲❷、 四重奏曲第7番、8番、9番❷	**ベートーヴェン** (1770～1827)
– 24の奇想曲❶	**パガニーニ** (1782～1840)
——— 序曲集❷	**ロッシーニ** (1792～1868)

本書に登場する音楽家と楽曲①

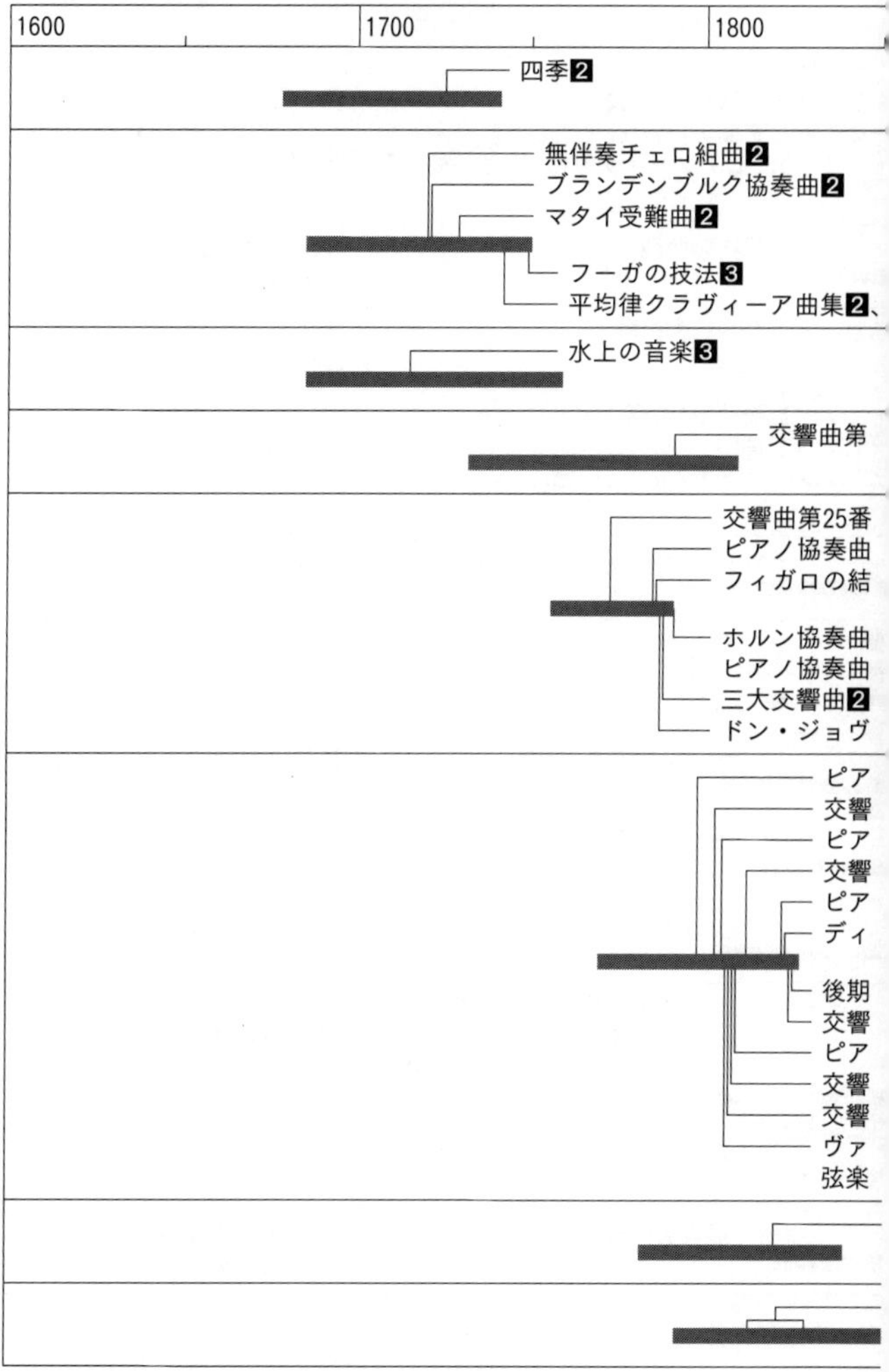
1600
1700
1800
四季2
無伴奏チェロ組曲2
ブランデンブルク協奏曲2
マタイ受難曲2
フーガの技法3
平均律クラヴィーア曲集2、
水上の音楽3
交響曲第
交響曲第25番
ピアノ協奏曲
フィガロの結
ホルン協奏曲
ピアノ協奏曲
三大交響曲2
ドン・ジョヴ
ピア
交響
ピア
交響
ピア
ディ
後期
交響
ピア
交響
交響
ヴァ
弦楽

※❶～❸は登場する巻数

1900　　　　　　2000	
魔王❸ 交響曲第7番《未完成》❷ 弦楽四重奏曲第14番《死と乙女》❸ 幻想曲❶、ピアノソナタ第19～21番《遺作》❸	**シューベルト** (1797～1828)
幻想交響曲❶	**ベルリオーズ** (1803～1869)
ヴァイオリン協奏曲❷	**メンデルスゾーン** (1809～1847)
ピアノ協奏曲第1番❶ 12の練習曲❸ ピアノソナタ第2番《葬送》❶	**ショパン** (1810～1849)
ピアノソナタ ロ短調❶	**リスト** (1811～1886)
ヴァルキューレ❸ トリスタンとイゾルデ❶	**ヴァーグナー** (1813～1883)
交響曲第8番❷	**ブルックナー** (1824～1896)
モルダウ❸	**スメタナ** (1824～1884)
美しき青きドナウ❷	**ヨハン・シュトラウス2世** (1825～1899)
弦楽六重奏曲第1番❶ 交響曲第1番❸ クラリネット五重奏曲❸	**ブラームス** (1833～1897)
カルメン❶	**ビゼー** (1838～1875)
展覧会の絵❶	**ムソルグスキー** (1839～1881)

本書に登場する音楽家と楽曲②

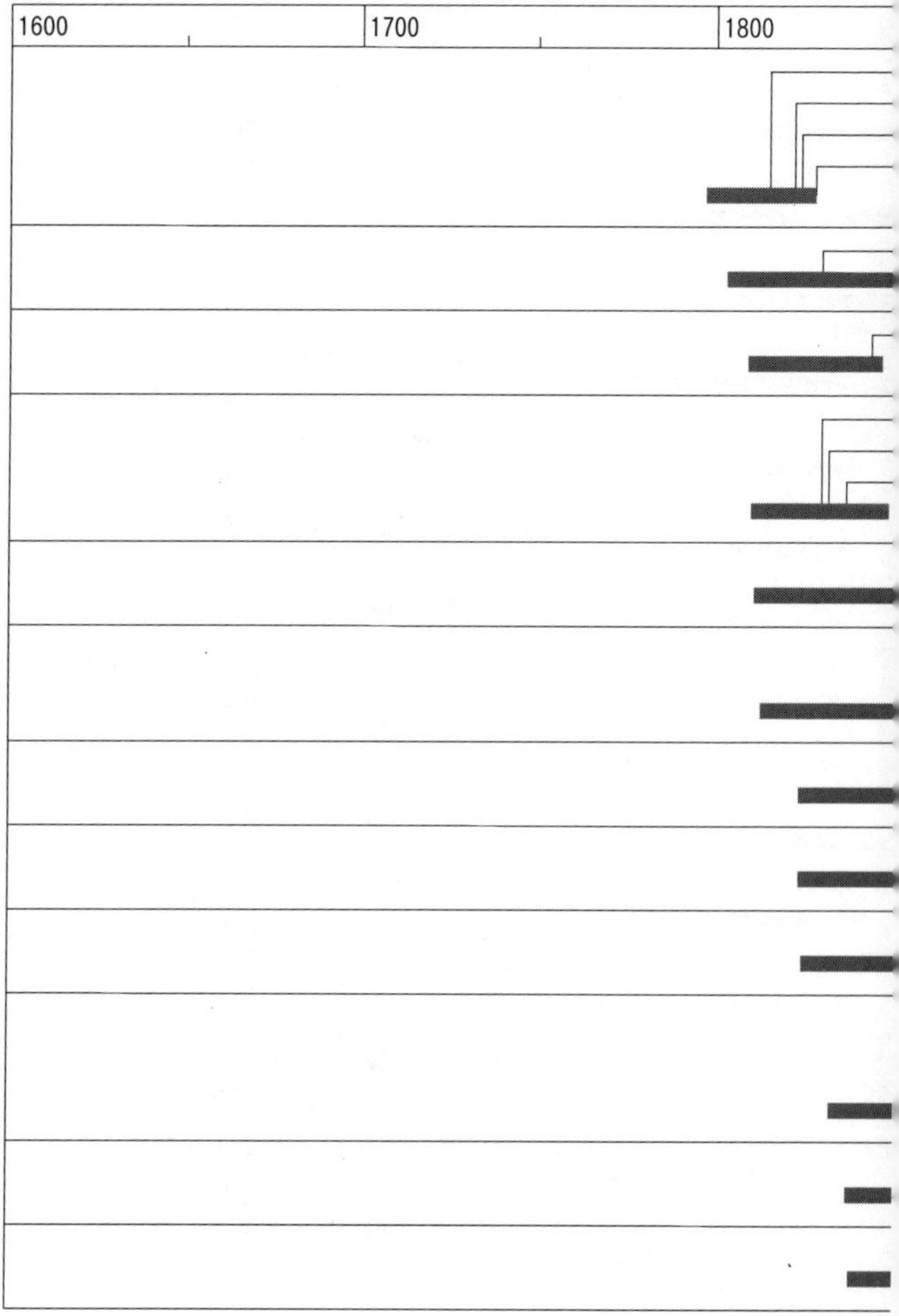

※❶～❸は登場する巻数

1900　2000	
白鳥の湖❶ 交響曲第6番《悲愴》❸	**チャイコフスキー** (1840～1893)
交響曲第9番《新世界より》❸	**ドヴォルジャーク** (1841～1904)
ペール・ギュント❶	**グリーグ** (1843～1907)
レクイエム❷	**フォーレ** (1845～1924)
ラ・ボエーム❶	**プッチーニ** (1858～1924)
牧神の午後への前奏曲❶	**ドビュッシー** (1862～1918)
ツァラトゥストラはかく語りき❸ 英雄の生涯❸ サロメ❶ 四つの最後の歌❸ ばらの騎士❶	**リヒャルト・シュトラウス** (1864～1949)
ラグタイム❷	**ジョプリン** (1868～1917)
ピアノ協奏曲第2番❶	**ラフマニノフ** (1873～1943)
惑星❶	**ホルスト** (1874～1934)
夜のガスパール❶	**ラヴェル** (1875～1937)
春の祭典❶	**ストラヴィンスキー** (1882～1971)
交響曲第5番❸	**ショスタコーヴィチ** (1906～1975)

本書に登場する音楽家と楽曲③

本文デザイン　盛川和洋
本文DTP　キャップス
図版作成　篠　宏行
写真　パブリックドメイン

切りとり線

★読者のみなさまにお願い

この本をお読みになって、どんな感想をお持ちでしょうか。祥伝社のホームページから書評をお送りいただけたら、ありがたく存じます。今後の企画の参考にさせていただきます。また、次ページの原稿用紙を切り取り、左記まで郵送していただいても結構です。

お寄せいただいた書評は、ご了解のうえ新聞・雑誌などを通じて紹介させていただくこともあります。採用の場合は、特製図書カードを差しあげます。

なお、ご記入いただいたお名前、ご住所、ご連絡先等は、書評紹介の事前了解、謝礼のお届け以外の目的で利用することはありません。また、それらの情報を6カ月を越えて保管することもありません。

〒101-8701（お手紙は郵便番号だけで届きます）
祥伝社　新書編集部
電話03（3265）2310
祥伝社ブックレビュー　www.shodensha.co.jp/bookreview

★本書の購買動機（媒体名、あるいは○をつけてください）

＿＿＿＿新聞の広告を見て	＿＿＿＿誌の広告を見て	＿＿＿＿の書評を見て	＿＿＿＿の Web を見て	書店で見かけて	知人のすすめで

★100字書評……クラシックを読む3

名前
住所
年齢
職業

百田尚樹　ひゃくた・なおき

1956年、大阪市生まれ。同志社大学中退。放送作家として、「探偵！ナイトスクープ」等の番組構成を手掛ける。2006年に『永遠の0』で作家デビュー。2013年に『海賊とよばれた男』で第10回本屋大賞を受賞。他の著書に『カエルの楽園』『鋼のメンタル』『日本国紀』『百田尚樹の日本国憲法』『百田尚樹の新・相対性理論』『アホか。』など多数。

クラシックを読《よ》む3
天才《てんさい》が最後《さいご》に見《み》た世界《せかい》
百田尚樹《ひやくたなおき》

2021年11月10日　初版第１刷発行

発行者……………辻 浩明
発行所……………祥伝社《しょうでんしゃ》
〒101-8701　東京都千代田区神田神保町3-3
電話　03(3265)2081(販売部)
電話　03(3265)2310(編集部)
電話　03(3265)3622(業務部)
ホームページ　www.shodensha.co.jp
装丁者……………盛川和洋
印刷所……………萩原印刷
製本所……………ナショナル製本

Printed in Japan　ISBN978-4-396-11643-9　C0295

〈祥伝社新書〉
日本文化と美

201
日本文化のキーワード　七つのやまと言葉
あわれ、におい、わび・さび、道《みち》、間《ま》……七つの言葉から日本文化に迫る
作家
栗田　勇

580
大伴《おおとも》旅人《たびと》　人と作品
「令和」の生みの親である大伴旅人の生涯を四期に分け、歌と共に解説
国際日本文化研究センター名誉教授
中西　進　編

336
日本の10大庭園　何を見ればいいのか
龍安寺《りょうあんじ》庭園、毛越寺《もうつうじ》庭園など10の名園を紹介。日本庭園の基本原則がわかる
作庭家
重森千靑

023
だから歌舞伎はおもしろい
今さら聞けない素朴な疑問から、観劇案内まで、わかりやすく解説
芸能・演劇評論家
富澤慶秀

337
落語家の通信簿
伝説の名人から大御所、中堅、若手まで53人を論評。おすすめ演目つき！
落語家
三遊亭円丈

〈祥伝社新書〉
経済を知る

111
超訳『資本論』
貧困も、バブルも、恐慌も――マルクスは『資本論』の中に書いていた！
神奈川大学教授 **的場昭弘**

343
なぜ、バブルは繰《く》り返されるか？
バブル形成と崩壊のメカニズムを経済予測の専門家がわかりやすく解説
久留米大学教授 **塚崎公義**

498
総合商社 その「強さ」と、日本企業の「次」を探る
なぜ日本にだけ存在し、生き残ることができたのか。最強のビジネスモデルを解説
専修大学教授 **田中隆之**

625
カルトブランディング 顧客を熱狂させる技法
グローバル企業が取り入れる新しいブランディング手法を徹底解説
マーケティングコンサルタント **田中森士**

636
世界を変える5つのテクノロジー SDGs、ESGの最前線
2030年を生き抜く企業のサステナブル戦略を徹底解説
京都大学大学院特任准教授 **山本康正**